_____님에게
따뜻한 집밥을 선물합니다.

평생 소장
클래식
집밥 백과

집밥 여왕 겨울딸기의 심플하고 건강한 가정식 200

평생 소장 클래식 집밥 백과

강지현 지음

CLASSIC HOME COOK RECIPES

메가스터디BOOKS

돌고 돌아 결국은 집밥

딸아이가 초등학교 입학하던 2010년 3월, 아이의 새로운 시작과 함께 마흔의 나이에 요리 블로그를 시작했습니다. 어릴 적 드라마보다도 좋아했던 요리 프로그램을 보며 막연하게 꿨던 요리 선생님이 되고 싶다는 꿈을 위해 밑그림처럼 시작한 블로그가 어느덧 15년째가 되었고 그 사이 아이는 어엿한 대학생이 되었어요.

사계절이 수없이 바뀌었지만 하루하루 차려내는 밥상은 큰 차이가 없습니다. 엄마가 해주셨던 어릴 적 먹던 반찬이 내 아이를 위한 반찬으로 다시 밥상에 오르고 명절이나 생일날이면 먹던 전, 부침, 불고기, 잡채 같은 음식은 시간이 흐른 지금도 여전하죠.

15년간 포스팅했던 블로그 속 밥상, 평범해서 오히려 특별하다고들 해주시는 제 쿠킹 클래스의 인기 반찬, 그리고 친정엄마가 자주 해주시던 음식을 이 책 한 권에 모아봤습니다. 편리한 밀키트 제품이 쏟아지고 외식이 일상이 된 요즘이지만 그래도 밥, 국, 반찬 몇 가지만 차려 집에서 먹으면 "역시 집밥이 최고야."란 말이 나도 모르게 나오곤 하잖아요. 뭣보다 속도 편하고, 또 식비가 절약되는 것도 무시할 수 없죠.

이번 요리책의 콘셉트는 '기본에 충실한 리얼 집밥'이었습니다. 가장 기본적인 양념 베이스에 쉽게 구할 수 있는 재료로 금방이라도 뚝딱 만들 수 있는 친숙한 밥상의 먹거리만 담았습니다. 집에서 해 먹지 않을 거 같은 메뉴는 한 가지도 넣지 않았어요. 한 번은 먹어봄직한, 가끔씩 먹고 싶어지는 정겨운 음식으로만 꽉꽉 채웠어요. 모쪼록 이 책이 오늘의 집밥이 고민될 때 곁에 두고 메뉴판처럼 편하게 들춰보는 딱 한 권의 요리책이 되길 바라는 마음입니다.

우리의 진짜 집밥 이야기를 한 권의 책으로 만들기 위해 몇 날 며칠 함께한 메가스터디 김민정 편집장님, 이종수 포토 실장님, 요리 어시스턴트를 해주신 애정 수강생분들께 감사의 맘을 전합니다.

집밥은 사랑입니다.

겨울딸기 강지현

CONTENTS

머리말	5
기본 계량법	12
이 책에서 사용한 양념 재료	13
예산에 맞춰 실속 있게 장보는 법	16
식료품비 지출 줄이는 요령	20
냉장고 청소법	22
냉장고 구역별 보관 물품 정하기 샘플	24
냉장고를 깨끗하게 유지하는 방법	26
집밥 원포인트 레슨	28

PART 1 | 나물

001 가지나물	36		015 애호박볶음	64
002 고사리들깨볶음	38		016 양배추볶음	66
003 구운가지나물	40		017 얼갈이된장무침	68
004 깻잎순나물	42		018 연근마요네즈깨무침	70
005 다시마채무침	44		019 오이볶음나물	72
006 도라지볶음	46		020 오이파프리카무침	74
007 도라지오이생채	48		021 쪽파김무침	76
008 두부쑥갓무침	50		022 쪽파더덕무침	78
009 무나물	52		023 취나물무침	80
010 상추겉절이	54		024 콩나물무침	82
011 숙주나물	56		025 톳두부무침	84
012 시금치나물	58		026 파래무무침	86
013 시래기나물	60		027 표고들깨볶음	88
014 쌈배추채무침	62			

PART2 무침·볶음

028 감자볶음	92		**042** 명란젓무침	120
029 고추된장무침	94		**043** 무생채	122
030 굵은멸치고추장볶음	96		**044** 미역줄기볶음	124
031 김무침	98		**045** 뱅어포튀김	126
032 김치어묵볶음	100		**046** 소고기고추장볶음	128
033 꽈리고추멸치볶음	102		**047** 어묵떡볶음	130
034 꽈리고추찜	104		**048** 오징어실채볶음	132
035 달걀말이	106		**049** 오징어묵무침	134
036 달걀볶음	108		**050** 잔멸치깻잎찜	136
037 도토리묵무침	110		**051** 쥐포채무침	138
038 마늘종고추장무침	112		**052** 진미채무침	140
039 마늘종마른새우볶음	114		**053** 참치고추장볶음	142
040 마른새우볶음	116		**054** 황태채무침	144
041 멸치아몬드볶음	118			

PART3 장아찌·조림

055 간장고추장아찌	148		**061** 된장깻잎장아찌	160
056 감자조림	150		**062** 두부조림	162
057 고구마줄기멸치조림	152		**063** 매실장아찌무침	164
058 고추장아찌무침	154		**064** 메추리알새송이조림	166
059 김장무김치무침	156		**065** 무마른새우조림	168
060 단호박호두조림	158		**066** 무말랭이무침	170

067 병아리콩조림	172	
068 새송이버섯조림	174	
069 소고기장조림	176	
070 알감자조림	178	
071 양배추깻잎피클	180	
072 연근조림	182	
073 연근피클	184	
074 오이지무침	186	
075 오이피클	188	
076 우엉조림	190	
077 콩자반	192	

PART4 메인 요리

078 갈치무조림	196		098 삼치간장조림	236	
079 감자뚝배기	198		099 소시지채소볶음	238	
080 고등어시래기조림	200		100 순대볶음	240	
081 골뱅이무침	202		101 안동찜닭	242	
082 김치등갈비찜	204		102 양념꼬막	244	
083 꽁치조림	206		103 양송이버섯구이	246	
084 낙지볶음	208		104 월남쌈	248	
085 달걀찜	210		105 잡채	250	
086 닭꼬치	212		106 춘천닭갈비	252	
087 닭볶음탕	214		107 코다리조림	254	
088 더덕구이	216		108 통오징어고추장구이	256	
089 돼지갈비찜	218		109 해물콩나물찜	258	
090 돼지고기간장불고기	220				
091 두부김치	222				
092 떡갈비	224				
093 매운제육볶음	226				
094 버섯불고기전골	228				
095 보쌈	230				
096 불고기뚝배기	232				
097 삼계탕	234				

PART 5 | 밥·죽

- 110 가지덮밥   262
- 111 게맛살오이사각김밥   264
- 112 기본김밥   266
- 113 김치날치알밥   268
- 114 달걀밥   270
- 115 마파두부덮밥   272
- 116 매운어묵김밥   274
- 117 멍게비빔밥   276
- 118 모둠버섯밥   278
- 119 불고기김밥   280
- 120 삼겹데리야키덮밥   282
- 121 새우볶음밥   284
- 122 소고기고추장주먹밥   286
- 123 소고기유부초밥   288
- 124 유니짜장덮밥   290
- 125 전복죽   292
- 126 케일쌈밥   294
- 127 콩나물국밥   296
- 128 토마토카레라이스   298
- 129 해물덮밥   300
- 130 햄김치볶음밥   302
- 131 호박죽   304

PART 6 | 국·찌개

- 132 감자고추장찌개   308
- 133 굴국   310
- 134 김치콩나물국   312
- 135 동태찌개   314
- 136 된장찌개   316
- 137 들깨미역국   318
- 138 매생이굴국   320
- 139 멸치강된장   322
- 140 명란두부탕   324
- 141 배추된장국   326
- 142 버섯들깨탕   328
- 143 부대찌개   330
- 144 부추달걀국   332
- 145 북엇국   334
- 146 소고기맑은국   336
- 147 소고기미역국   338
- 148 소고기얼큰뭇국   340
- 149 순두부찌개   342
- 150 시래기들깨된장국   344
- 151 아욱국   346
- 152 애호박달걀국   348
- 153 어묵탕   350
- 154 얼갈이된장국   352
- 155 오이냉국   354

156 오징어뭇국	356	160 콩나물뭇국	364
157 조개탕	358	161 콩비지찌개	366
158 참치김치찌개	360	162 파육개장	368
159 청국장	362	163 홍합탕	370

PART 7 | 면·부침개

164 감자전	374	172 배추전	390
165 굴전	376	173 비빔국수	392
166 깻잎부추전	378	174 애호박양파전	394
167 녹두빈대떡	380	175 어묵땡초전	396
168 도토리묵국수	382	176 잔치국수	398
169 동태전	384	177 해물볶음우동	400
170 떡국	386	178 해물파전	402
171 바지락수제비	388	179 호박당근전	404

PART 8 | 김치

180 고구마줄기김치	408	188 부추김치	424
181 깍두기	410	189 열무김치	426
182 깻잎김치	412	190 오이부추김치	428
183 나박김치	414	191 오이소박이	430
184 무김치	416	192 파김치	432
185 배추겉절이	418		
186 배추백김치	420		
187 봄동겉절이	422		

PART 9 | 샐러드

193 감자샐러드   436
194 단호박샐러드   438
195 달걀사과샐러드   440
196 닭가슴살샐러드   442
197 양배추샐러드   444

198 차돌박이샐러드   446
199 참나물두부샐러드   448
200 해초샐러드   450

요리 번호 찾아보기   452

[일러두기]

* 각 파트 내 요리는 재료별로 찾기 쉽도록 가나다순으로 배치하였습니다.
* 각 요리는 1부터 200까지 번호가 매겨져 있습니다.
  맨뒤편 요리 번호로 찾아보기를 참고하면 더욱 편리하게 필요한 메뉴를 찾을 수 있습니다.

기본 계량법

※ 계량스푼과 계량컵 사용

1숟가락 (1큰술=15mL, 1작은술=5mL)

1/2숟가락

1컵 (200mL)

1/2컵 (100mL)

이 책에서 사용한 양념 재료

된장

국, 찌개뿐 아니라 나물의 양념으로도 자주 사용합니다. 저는 염도는 있지만 구수하고 깔끔한 맛의 집된장을 사용하고 있습니다.

고추장

고춧가루와 함께 볶음과 매콤한 조림 요리에 자주 사용합니다. 시판 제품 중 국산 재료로 만든 것을 골라 쓰고 있습니다.

양조간장

음식의 간을 맞추는 용도로 쓰지만, 단맛이나 감칠맛, 색을 내기 위해서도 사용합니다. 이 책에 나오는 간장은 다 시판 양조간장을 말합니다.

국간장(조선간장)

국이나 찌개, 나물무침에 자주 사용합니다.

굴소스

쉽고 빠르게 대중적인 시판 음식의 맛을 낼 수 있어요.

멸치 액젓

김치뿐만 아니라 각종 찌개 및 나물무침에 사용합니다. 까나리 액젓에 비해 비린 맛이 좀 있지만 더 깊고 구수한 맛이 납니다.

맛술

쌀로 만든 술에 조미료를 첨가한 요리 전용 술입니다. 고기를 재워 부드럽게 만들거나 생선의 비린 맛을 잡는 데 사용합니다.

올리고당

요리에 단맛뿐만 아니라 윤기도 더해줍니다. 조청이나 꿀도 쓸 수 있는데 각각 특유의 향과 점도가 있으므로 음식에 맞게 사용하는 게 좋습니다.

식초

샐러드, 피클, 장아찌, 초무침 등에 신맛을 내기 위해 사용하며, 기호에 따라 향과 산도를 선택할 수 있습니다.

매실액

대표적인 발효액으로 단맛이 있으면서도 상큼해서 풍부한 신맛을 내고자 할 때 자주 사용합니다.

참기름·들기름

참기름은 육류 요리나 나물 요리에 주로 사용합니다. 들기름은 열에 강한 특성 때문에 나물뿐만 아니라 볶음 요리에 사용하기 적당합니다.

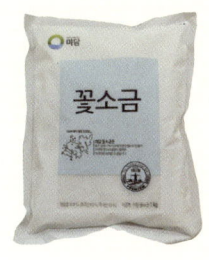

소금

저는 대부분의 요리에 꽃소금을 사용합니다. 천일염(굵은소금)을 정제하여 불순물을 제거하고 재가공한 소금으로 입자가 고와 모든 요리에 무난하게 사용 가능합니다. 소금의 결정 모양이 눈꽃 모양과 같아 꽃소금이라 부릅니다.

식용유

저는 콩기름 식용유보다는 포도씨유를 주로 사용합니다. 포도씨유는 튀김, 볶음 요리뿐만 아니라 한식 샐러드 드레싱에도 무난하게 어울려요.

통깨

고소한 맛을 더하고 장식을 하기 위해 고명으로 사용하는데, 더 고소한 맛을 내기 위해서 필요한 만큼 그때그때 빻아서 사용합니다.

후춧가루

특유의 매콤한 향으로 요리의 잡내를 잡고 풍미를 더해주는 재료입니다. 육수나 피클을 만들 때는 통후추를 주로 넣고 일반적으로는 분말 형태를 씁니다. 통후추를 갈아 즉석에서 쓰면 번거로워도 풍미를 더 느낄 수 있습니다.

다시 팩(멸치 육수)

국물 요리에 깊은 맛과 감칠맛을 내어 주는 육수는 모두 다시팩을 자주 이용합니다. 보통 다시팩 하나에 물 3~4컵 기준으로, 찬물에 티백을 30분 정도 미리 담가 우려내면 짧은 시간에 진한 육수 맛을 낼 수 있습니다.

예산에 맞춰 실속 있게 장보는 법

이미 가지고 있는 식료품을 체크해두세요

식재료가 냉장고에 한번 들어가면 잊어버리기 일쑤죠. 특히 육류는 냉동 상태에서는 형태가 비슷하여 뭔지도 모른 채 장기간 보관했다가 결국 음식물 쓰레기가 되는 경우가 부지기수입니다. 머리를 믿지 말고 냉장고에 메모 시트를 붙여두고 그때그때 체크 후 적어두는 습관을 들이면 눈에 보이지 않는 식료품까지 쉽게 확인할 수 있어 메뉴를 구상하거나 다음번 장 볼 때 유용합니다.

한 주의 메인 요리와 식단을 먼저 생각합니다

한 주 동안 만들어 먹을 요리와 제철 재료를 생각해서 식단을 대충 짠 뒤 장보기를 시작합니다. 식단에 맞춰 필요한 재료를 체크해서 장을 보러 가면 계획에 없었던 재료들을 장바구니에 채워 넣는 일을 최소화할 수 있습니다.

**장보기 횟수를
정해둡니다**

매장에 가는 횟수를 줄여 구매 유혹에 빠지지 않도록 합니다. 특히 대형 마트는 구매 유혹을 불러일으키는 행사가 빈번하여 갈 때마다 지갑을 열게 됩니다. 요즈음은 인터넷 장보기도 편리하니까 꼭 필요한 품목만 수시로 주문하는 것도 좋은 방법입니다. 집에 재료를 쌓아두는 대신 매장을 내 냉장고나 팬트리라고 생각해보세요.

**구매 영수증을
확인하는 습관을
들입니다**

세일 품목인 줄 알고 장바구니에 담았던 제품이 정상 가격으로 계산된 걸 모르고 넘어갈 때가 종종 있습니다. 세일 상품과 헷갈려 잘못 집어 든 경우가 대부분이긴 하지만, 전산 시스템만 믿지 말고 계산 후 매장을 떠나기 전 구매 영수증을 체크하는 습관을 들이세요.

위 또는 아래 선반을 살펴보세요

눈높이에 있는 선반은 가장 고가의 품목이 진열되는 곳입니다. 저렴한 대안을 찾고 싶다면 위아래를 잘 살펴보세요.

세일 품목이 제일 저렴한 것은 아닙니다

세일 품목이 무조건 제일 쌀 거라고 생각하지 마세요. 가장 확실한 방법은 그램당 가격을 비교하는 것입니다. 요즘은 많은 매장에서 가격표에 그램당 가격을 제공하고 있습니다. 각 품목의 그램당 가격을 비교하여 가장 합리적인 제품을 찾으세요.

1+1 특가가 항상 이득은 아닙니다

한 개보다 두 개를 구매하는 것이 확실히 더 싸다면, 두 개를 정말 다 쓸 수 있는지 꼭 한번 생각해보세요. 상하기 전에 그렇게 많이 먹을 수 있을까요? 버리게 되면 결국 손해를 보는 셈입니다.

가급적 제철 재료를 구매하세요

제철 농산물을 구매하는 것은 균형 있는 식단을 만들고 식료품비도 절약하는 좋은 방법입니다. 제철 농산물은 금액 면에서도 저렴하지만 무엇보다 그 시기에 나는 신선하고 영양 풍부한 농산물을 즐길 수 있다는 장점이 있습니다.

쇼핑은 시간을 정해두고 빠르게 하세요

장보기 시간을 정해두고 시간 내에 끝내도록 합니다. 오래 머물수록 '필요할 거 같은' 물건이 더 많아집니다. 구입 품목 리스트를 작성해 체크해가면서 쇼핑을 하고 구입이 끝나면 바로 매장에서 나오는 습관을 들입니다. 시간 절약도 중요합니다. 특히 배고픈 상태에서 장을 보면 처음 계획과 달리 즉흥적으로 식품들을 구입해 과소비로 이어질 수 있으니 주의하세요.

식료품비 지출 줄이는 요령

있는 재료 활용을 습관화하세요

애써 사들인 음식 재료를 유통기한이 지나거나 상해서 버리는 건 시간과 돈 모두를 낭비하는 일입니다. 식료품 팬트리 및 냉장고를 수시로 확인하여 그 재료로 조리 가능한 요리를 생각해 잘 활용하세요. 남은 반찬과 나물은 김밥 재료로 활용하거나 볶음밥, 비빔밥으로 만들면 됩니다. 새로운 걸 사기 전에 이미 가지고 있는 걸 꼭 떠올려보세요.

음식을 눈에 띄게 배치해두세요

냉장고나 냉동고 뒤쪽에 있어 눈에 띄지 않는 음식은 상할 가능성이 높습니다. 냉동실 정리를 하다 보면 성에가 차서 뭔지 파악도 안 되는 봉지들이 가득하죠. 문을 열었을 때 습관적으로 냉장고 뒤쪽은 보지도 않고 닫는 경우가 많습니다. 투명한 반찬통에 음식을 담아두거나 냉장고 문에 음식물들을 메모해 두는 것도 좋습니다.

수시로 냉장고, 식료품 팬트리를 정리하세요

뭐든 정리하면 물건을 찾고 사용하기가 더 쉬워집니다. 상하기 쉬운 품목은 최대한 빠르게 사용하는 것도 잊지 마세요.

냉동 가능한 조리 음식은 냉동실에 미리 넣습니다

정해진 시간 내에 모든 음식을 다 먹을 수 없다면, 냉동해서 보관 기간을 늘리는 것도 방법입니다. 이때는 먹다 남긴 음식을 얼리기보다는 미리 먹을 만큼 덜어둔 다음 소분해 냉동실에 처음부터 보관하는 것이 좋습니다.

**냉장고에
식재료 목록을
적어두세요**

물건이 부족해지기 시작하면 목록에 추가하세요. 그렇게 하면 세일을 할 때 맞춰서 구입할 수도 있습니다. 물건이 갑자기 뚝 떨어져 그거 하나 사려고 매장에 갔다가 다른 물건까지 충동구매하는 일을 줄일 수 있습니다.

집에서 해 먹으세요

집에서 요리해 먹으면 외식보다 훨씬 저렴하고 건강에도 더 도움이 될 수 있습니다. 한 끼 외식 비용이면 집에서 여러 끼를 만들 수 있고, 직접 요리하면 사용하는 재료와 섭취하는 칼로리를 더 잘 관리할 수 있습니다.

**음식의 양을
주의하세요**

음식을 필요 이상으로 많이 만들지 마세요. 조금씩 먹을 만큼만 만드는 습관을 들이면 주방 일이 한결 가벼워지는 느낌을 받을 수 있습니다.

냉장고 청소법

냉장고 청소의 시작은 오래된 음식, 상한 재료 버리기입니다

보관 중인 조리 음식이 오래됐다면 망설이지 말고 버리세요. 특히 냉장실 채소 칸은 자리를 조금씩 옮겨 눌러져 상한 채소는 없는지 한 번씩 체크합니다.

냉장고 부분 청소를 수시로 합니다

냉장고를 한꺼번에 정리하려면 시간과 에너지가 상당히 많이 소요됩니다. 한 번에 냉장고 전체를 다 청소하려고 하지 말고 한 칸씩 정해두고 그 부분은 완전히 빼서 정리해보세요. 냉장고 안에서 자리를 옮겨가며 청소하는 것보다 꺼내어 청소하면 유통기한이 지난 품목도 자연스럽게 정리되고 뒤쪽에 처박혀 있어 보이지 않았던 식품도 체크하게 됩니다.

탈부착 가능한 선반은 물 세척, 냉장고 내부는 식초물로 닦아줍니다

투명 선반은 꺼내서 흐르는 물을 충분히 적셔 불린 뒤 기스가 나지 않도록 부드러운 젖은 면보를 이용해 닦아줍니다. 기름기가 있는 경우에는 세제를 조금 묻혀 닦은 다음 깨끗이 헹궈 물기를 말려 끼우세요. 냉장고 고정 선반과 벽면은 물과 식초

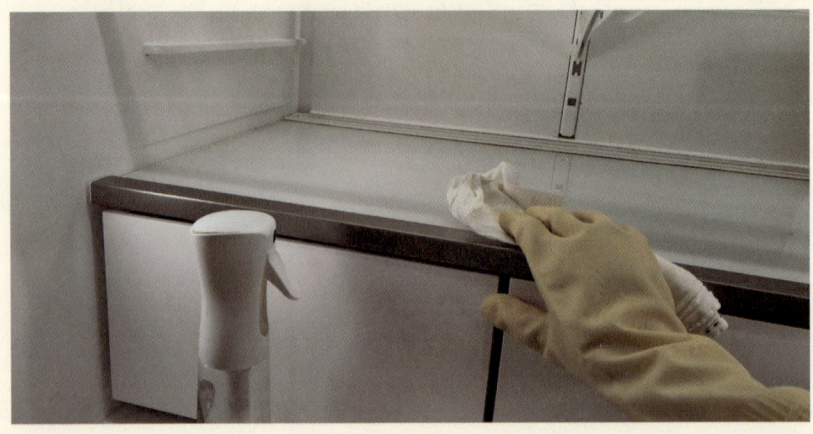

를 희석한 물을 행주에 적셔 닦아주거나 분무기에 담아 뿌린 다음 마른 행주를 바꿔가며 닦아줍니다.

**고무 패킹은
수시로 닦습니다**

냉장고 도어 쪽 고무 패킹은 음식물이 직접 닿지 않지만 의외로 액상이나 가루류의 이물질이 자주 끼이는 곳입니다. 방치했다가 곰팡이가 깊숙하게 생겨버리면 쉽게 지워지지도 않아요. 이쑤시개나 칫솔을 이용해 이물질은 긁어 내고 베이킹소다를 푼 미지근한 물에 행주를 적셔 여러 번 닦은 다음 물기를 제거합니다. 적정 냉장 온도 및 냉동 온도를 유지하려면 고무 패킹 관리가 중요합니다.

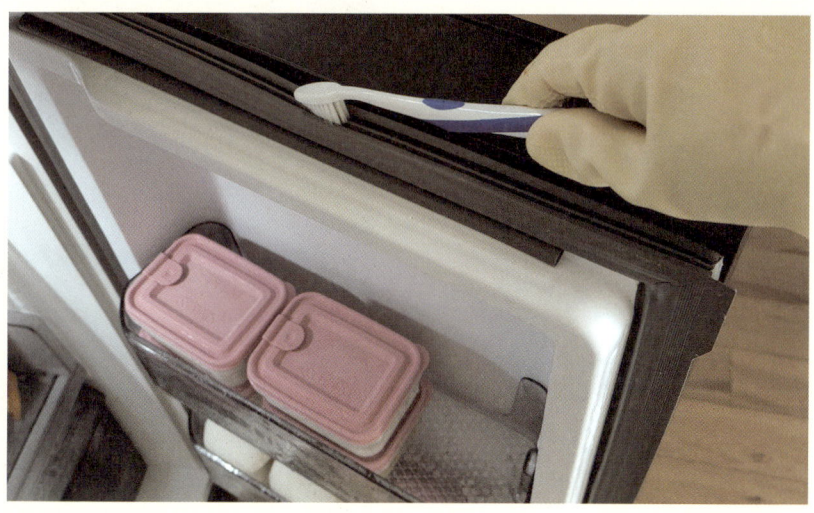

**가득 채우지 않아야
청소도 정리도 쉽습니다**

냉장고를 70% 이내로 채워두면 식료품을 꺼내고 넣을 때 빈 공간을 가볍게 행주질해 쉽게 청소를 할 수 있어요.

냉장고 구역별
보관 물품 정하기 샘플

곡류

소스류 2

소분한 식재료

자투리채소

소스류 1

얼음·냉동 과일

냉동 음료

말린 나물
냉동 조리 식품

데친 나물·치즈

고춧가루

찹쌀가루

냉장고를 깨끗하게 유지하는 방법

소스 병이나 음식 보관 용기는 사용할 때마다 가볍게 닦으세요

따로 시간을 내서 대청소를 하지 않더라도 소스 병이나 보관 용기에서 음식을 덜어 내거나 사용한 후에 용기 입구에 묻은 음식물을 마른 천이나 키친타월로 닦아주면 냉장고 냄새도 줄이고 음식도 청결하게 유지할 수 있어요.

음식을 보이는 용기에 담아 보관하세요

불투명한 포일이나 비닐에 싸서 음식물을 보관하면 내용물 확인이 어렵습니다. 또 음식물이 밖으로 새어 나와 냉장고 냄새의 원인이 되기도 합니다. 밀폐력이 좋은 투명한 용기를 이용해서 음식물이 눈에 잘 띄게 보관합니다.

음식물마다 보관하는 자리를 정합니다

소스류, 채소류, 샐러드류, 밑반찬, 해산물, 건어물 등 냉장실과 냉동실에 두는 위치를 정해두면 식재료를 넣을 때마다 같은 위치에 정리할 수 있어 깔끔하게 정돈된 상태를 유지할 수 있습니다.

냉장, 냉동이 필요한 식품만 보관합니다

감자, 양파, 캔 제품 등 굳이 냉장이 필요 없는 품목까지 채소칸 또는 도어 칸에 넣어두는 경우가 많습니다. 실온 보관 가능한 채소, 과일 등을 다용도실에 옮겨서 보관하는 것만으로도 냉장고 공간에 여유가 생깁니다.

되도록 비우는 게 최고의 정리법입니다

깔맞춤 밀폐 용기나 바구니 세트로 반듯하게 냉장고를 가득 채우는 것보다 가급적 여유 공간을 남겨두는 것이 최고의 정리법입니다.

집밥 원포인트 레슨

나물을 '데친다'가 어느 정도 익히는 건가요?

'데친다'는 나물을 끓는 물에 30초~1분 이내 짧은 시간 넣었다가 빼는 상태, 끓는 물에 넣어 숨만 죽이는 상태를 보통 표현합니다. 나물을 데칠 때 넣는 소금은 물 1L당 1/2큰술 정도가 적당합니다.

데친 채소의 색감이 금방 누렇게 변해버려요

채소는 데치면 바로 찬물에 헹궈 열기를 빼줘야 원래 색에 가깝게 색이 유지됩니다. 헹구지 않고 그대로 두면 잔열로 계속 익어 색깔이 누렇게 변합니다.

데친 나물을 냉동실에 보관하면 꼭 성에가 끼어요

지퍼백이나 밀폐 용기에 데친 나물을 넣고 물을 부어 지퍼백인 경우 공기층이 생기지 않도록 밀봉 전 살포시 눌러 공기를 빼서 물 속에 담가 보관합니다. 내용물이 완전히 물에 잠긴 상태로 얼려야 해동했을 때도 갓 데친 상태가 유지됩니다.

부침개가 바삭하지 않고 눅눅해져요

팬을 충분히 달궈 기름을 넉넉히 부어줍니다. 부침 요리를 할 때 처음에 기름을 적게 넣고 부치는 중간에 기름을 추가하게 되면 표면이 노릇하게 구워지지 않고 기름도 많이 먹습니다.

맑은 국을 끓이는데 국물이 탁해요

맑은 국을 끓일 때는 마늘을 다져서 쓰지 않고 편으로 썰거나 굵게 찧어서 넣습니다. 그래야 국물이 지저분해지지 않아요. 국의 간은 국간장과 액젓으로 원하는 국물 색이 날 만큼 간을 하고 나머지 간은 색에 영향을 주지 않는 소금으로 조절하면 좋아요. 된장을 베이스로 만드는 맑은 된장국도 된장으로는 색만 내고 마무리는 국간장, 소금으로 간을 합니다.

양념에 자주 사용하는 마늘, 생강의 손질법과 보관법이 궁금해요

마늘은 꼭지를 떼어 내고 한 번에 갈아 위생 비닐이나 실리콘 얼음 트레이에 얼린 후 밀폐 용기에 담아 냉동 보관 해두었다가 필요할 때마다 꺼내어 사용합니다.

생강은 한 번에 넉넉한 양의 껍질을 벗겨 착즙기를 이용해 즙을 내어 작은 병이나 실리콘 얼음 트레이에 넣어 얼려 냉동실에 넣어두고 사용하거나 편으로 저며 청주에 넣어 생강술을 담가두었다가 쓰는 방법도 있습니다. 또 편으로 썰어 건조기에 말린 뒤 냉동실에 넣어두고 사용해도 됩니다.

고추장을 많이 넣어도 먹음직스런 빨간색이 안 나와요

고추장으로 빨간색을 낸다고 생각하는 분들이 많은데, 먹음직스러운 빨간색은 고추장보다는 고춧가루를 넣어야 더 잘 나옵니다. 굵은 고춧가루보다 입자가 고운 고춧가루가 훨씬 색이 잘 납니다.

잡채를 만들 때 당면이 퉁퉁 불어요

당면을 미리 불려두었다가 따로 삶아 내서 양념을 하는 것보다 간장 양념에 넣어 삶아서 조리하면 간장물에 당면이 스며들면서 면발이 탱글탱글해집니다. (105번 잡채 참고)

양조간장과 국간장의 쓰임새가 궁금해요

양조간장은 볶음 요리나 조림, 장아찌에 사용하고 국간장은 보통 나물무침이나 국, 찌개의 간을 할 때 사용합니다. 국물이 자박한 조림 요리나 장아찌는 양조간장에 국간장을 조금 섞어 사용하면 들쩍지근한 짠맛 대신 깊고 깔끔한 짠맛을 낼 수 있습니다.

볶음 요리를 하다 보면 기름이 너무 많이 들어가 느끼해요

처음에는 기름 1~2큰술을 넣고 볶기 시작하다가 중간에 수분이 날아가 탈 것 같으면 기름 대신 물을 1~2큰술씩 팬 주위로 둘러 넣으면 촉촉하게 볶을 수 있어요. 특히 어묵볶음과 감자볶음을 할 때 중간중간 소량의 물을 넣으면서 볶으면 촉촉하면서도 덜 기름지게 조리할 수 있습니다.

김밥을 잘랐을 때 덜 이쁘고 옆구리가 터지거나 끝이 잘 붙지 않아요

김밥의 말리는 부분 끝에 밥풀보다는 물을 얇게 펴 바르고 마지막 말린 부분이 아래쪽으로 가게 놔두면 밥의 열기가 더해지고 살포시 눌러지면서 잘 붙습니다. 속재료는 김밥김 1/2장이나 깻잎을 밥 위에 한 번 깔아 올려주면 속재료를 감싸 김밥을 말기도 쉽고 잘라 냈을 때 단면이 깔끔합니다.

김치찌개가 깊은 맛이 안 나요

김치찌개는 완전히 숙성된 김치를 사용해야 맛있어요. 김치를 1~2분 기름에 볶다가 육수를 붓는데 이때 김치 국물을 같이 넣어주면 훨씬 맛있어요. 간은 소금, 간장보다는 새우젓을 넣어 맞추면 밖에서 먹는 김치찌개처럼 감칠맛이 납니다.

생선 무조림 할 때 무가 설익고 간이 안 배어요

무는 육수에 미리 한 번 익힌 뒤 다른 재료를 넣어 조리해야 양념이 쉽게 배어듭니다. 무가 두꺼울 때는 육수에 미리 국간장이나 소금으로 옅게 밑간을 해줘도 좋아요. 강불보다는 끓기 시작하면 중약불로 줄여 뭉근하게 익혀야 해요.

불 조절이 너무 어려워요

지속적으로 강불에서 조리하는 중식과 달리 한식은 보통 강불에서 가열하다가 끓기 시작하면 중약불로 줄여서 조리합니다. 가스레인지의 경우 조리 기구 밖으로 불꽃이 벗어나면 조리 기구의 옆면만 탈 뿐 내용물이 제대로 익지 않아요. 가스레인지의 불꽃이 항상 조리 기구의 바닥 면에만 닿도록 불의 세기를 조절해주세요.

**호박볶음,
오이나물을 만들면
금방 색이 누레져요**

데친 나물과 마찬가지로 호박볶음이나 오이나물을 볶은 뒤 그대로 두면 남은 열기에 의해 색이 누렇게 변해요. 바로 넓은 그릇에 얇게 펼쳐두거나 냉장고에 잠깐 넣어 열기를 식혀야 막 볶았을 때의 색감과 아삭한 식감을 유지할 수 있어요.

**남은 육류는
어떻게 보관하나요?**

육류는 꼭 1회분씩 소분해 진공 팩이나 지퍼백에 공기를 빼서 담아 라벨을 붙여 냉동 보관 합니다. 육류의 경우 얼려버리면 한눈에 구분이 힘들거든요. 또 납작하게 펼쳐서 보관해야 해동도 빨리 됩니다.

**전을 노릇노릇
예쁘게 굽는
방법이 있나요?**

전은 팬에 충분한 양의 기름을 두른 다음 중약불로 줄여 굽습니다. 이때 여러 번 뒤집지 말고 한 면이 완전히 익었을 때 뒤집어 나머지 한 면도 구워줍니다. 자주 뒤집으면 표면이 이쁘지가 않아요.

달걀말이가 뻑뻑해요

달걀물에 마요네즈나 들기름, 맛술을 조금 넣으면 촉촉해집니다. 채소를 잘게 다져 넣어도 적당한 수분감이 생깁니다.

**밑간을
꼭 해야 하나요?**

시간차를 두고 볶아 조리하는 잡채나 양파 등 채소가 들어간 제육볶음을 기준으로 했을 때 마지막 한 번에 양념을 넣고 간을 하면 맛이 겉돌 수가 있어요. 고기에 소금, 후춧가루로 간단히 밑간을 하거나 채소를 볶을 때 소금 한 꼬집 정도로 적은 양의 밑간을 해주면 간이 고르게 배입니다.

유통기한이 충분히 남았는데 콩나물이 자꾸 물러져요

콩나물을 한 번에 다 사용하지 못했을 때는 구입한 비닐에 그대로 담아두지 말고 밀폐 용기에 찬물을 부은 뒤 하루에 한 번 정도 물을 바꿔가며 보관하면 쉽게 무르지 않고 보관 기간을 늘릴 수 있어요.

청주와 맛술의 차이가 있나요?

둘 다 육류의 잡내나 생선의 비린내를 제거할 때 사용합니다. 맛술은 조미료 성분과 단맛이 가미되어 풍미가 있기 때문에 청주보다 두루 사용됩니다. 조개탕이나 생선구이 등 단맛 없이 비린맛을 제거할 때에는 청주를 사용합니다.

냉동 밥은 어떻게 만들어 드시나요?

현미와 잡곡이 50% 이상 들어간 잡곡밥을 짓는데, 충분히 현미와 잡곡을 먼저 불린 뒤 멥쌀을 섞어 압력솥을 이용해 넉넉한 양의 밥을 짓습니다. 한 김 식힌 뒤 150~180g 정도씩 담아 냉동실에 보관하고, 먹기 1~2시간 전에 냉동실에서 꺼내 실온에 두었다가 먹기 직전 밥그릇에 옮겨 전자레인지에 1분 이내로 돌립니다.

새우젓 보관 시 윗면이 누렇게 변해요

염장 식품인 새우젓은 보관 중 염분이 아래로 가라앉다 보니 맨 윗부분 새우젓의 색이 변하면서 맛이 떨어집니다. 밀폐 상태에서 냉동 보관을 하는 게 좋습니다.

김치를 실온에서 익혀 냉장고에 넣는 시점이 궁금해요

위생 비닐이나 김장 비닐을 이용하면 김치가 숙성되는 상태를 쉽게 알 수 있습니다. 위생 비닐에 김치를 넣어 공기를 뺀 뒤 묶어 실온에 두면 가스가 올라와 다시 비닐이 빵빵해지기 시작합니다. 그때 가스를 빼고 보관 용기에 담아 꾹 눌러 냉장고에 넣어 익혀줍니다.

**액젓 종류가
너무 많아요.
가장 활용도가 높은
액젓을 추천해주세요**

여러 종류의 액젓을 두고 사용하다 보면 자칫 관리 소홀로 버리는 경우도 생깁니다. 액젓은 멸치 액젓과 새우젓 정도가 가장 무난합니다. 김치 담글 때뿐 아니라 조미료 대신 국이나 찌개에 넣으면 감칠맛을 낼 수 있어요.

**샐러드 만들 때
채소가 축 처치고
소스가 겉돌아요**

오이나 당근, 양상추, 양배추 등의 채소는 썰어서 한 번 찬물에 다시 헹구어 물기를 최대한 제거한 뒤 샐러드에 넣어야 싱싱하게 모양이 살아납니다. 샐러드의 물기를 제대로 빼지 않으면 소스를 넣었을 때 흘러내려 맛이 겉돕니다.

**나물 반찬이
제일 힘들어요**

나물 반찬은 다듬고 데치는 과정이 있다 보니 귀찮게 느껴질 수 있습니다. 데치는 나물 대신 양배추나 브로콜리를 한 번에 여유 있게 찌거나 데쳐서 조금씩 사용하는 방법도 추천합니다. 찐 양배추를 가늘게 썰어 소금, 깨, 참기름만 넣어도 되고, 데친 브로콜리를 초고추장에 찍어 먹다가 납작하게 썰어 으깬 두부와 무쳐서 먹어도 좋습니다. 다진 파, 다진 마늘을 넣는 과정을 생략하고 국간장, 소금, 참기름, 통깨만 넣어 담백하게 무쳐 내어도 간단하게 본연의 맛을 즐길 수 있어요.

CLASSIC HOME COOK RECIPES

나이 들수록 좋아지는 반찬
가지나물

001

INGREDIENTS

가지 … 2개
홍고추 … 약간
국간장 … 1큰술
다진 파 … 1큰술
다진 마늘 … 1작은술
소금 … 약간
참기름 … 1큰술
통깨 … 1큰술

① 가지는 2~3등분해 다시 반으로 자르고 끝에 칼집을 1cm가량 짧게 내어줍니다.
TIP 가지에 미리 칼집을 내주면 찐 뒤 쉽게 찢을 수 있어요.

② 찜기에 ①의 가지를 넣고 5분 이내로 쪄줍니다.
TIP 물이 끓은 다음에 가지를 찜기에 넣고 쪄주세요.

③ 볼에 한 김 식힌 가지를 찢어 넣고 국간장, 다진 파, 다진 마늘을 넣고 무칩니다.
TIP 가지가 다 쪄지면 바로 찢지 말고 1~2분 정도 식힌 뒤 찢어주면 뜨겁지 않아 좋아요.

④ 모자라는 간은 소금으로 하고 참기름, 통깨를 넣고 고소한 맛을 내어 완성합니다.

고사리와 들깨의 구수함이 조화로운
고사리들깨볶음

002

INGREDIENTS

고사리(삶은 것) … 3줌(200g)
들깻가루 … 2큰술
멸치 육수 … 2/3컵
들기름 … 1큰술
소금 … 약간

양념
국간장 … 2작은술
다진 파 … 2작은술
다진 마늘 … 1작은술

① 고사리는 억센 줄기 부분을 떼어 손질한 후 국간장, 다진 파, 다진 마늘을 넣어 조물조물 무칩니다.

② 달군 팬에 들기름을 두르고 양념한 고사리를 볶다가 멸치 육수를 부어줍니다.
TIP 중강불에서 시작해 끓기 시작하면 약불로 줄여주세요.

③ 고사리가 부드러워지면 1~2분 정도 약불에서 자작하게 졸인 뒤 들깻가루를 넣습니다.

④ 들깻가루를 넣고 뒤적거린 뒤 불을 끄고 뚜껑을 닫아 고사리나물을 부드럽게 익힙니다. 모자라는 간은 소금으로 조절합니다.

물기 없이 쫀득한 맛
구운가지나물

003

INGREDIENTS

가지 … 2개
참기름 … 1/2큰술
통깨 … 1작은술
식용유 … 적당량

양념
간장 … 1/2큰술
국간장 … 1/3큰술
다진 파 … 1큰술
다진 마늘 … 1작은술
고춧가루 … 1작은술

① 가지는 동그란 모양을 살려 0.5cm 두께로 썰어줍니다.

② 달군 팬에 기름을 두르고 가지를 앞뒤로 노릇하게 구워줍니다.

③ 볼에 양념 재료를 모두 넣고 섞은 후 구운 가지를 넣고 무칩니다.

④ 마무리로 참기름과 통깨를 넣어 고소한 맛을 더합니다.

고소한 국물까지 맛있는
깻잎순나물

004

INGREDIENTS

깻잎 순 … 2줌(100g)
멸치 육수 … 1컵
들깻가루 … 2큰술
들기름 … 1큰술
소금 … 약간

양념
홍고추 … 1/4개
다진 파 … 1큰술
다진 마늘 … 1작은술
국간장 … 1+1/2큰술

① 끓는 물에 깻잎 순을 한 번 적셨다 빼듯 숨이 죽을 정도로만 데칩니다. 데친 깻잎 순을 찬물에 담갔다가 물기를 꼭 짠 다음 깻잎 순에 송송 썬 홍고추, 다진 파, 다진 마늘, 국간장을 넣고 가볍게 무칩니다.

② 팬에 들기름을 두르고 양념한 깻잎 순을 살짝 볶다가 멸치 육수를 붓습니다.

③ 육수가 한소끔 끓기 시작하면 들깻가루를 넣고 가볍게 섞어줍니다.

④ 모자라는 간은 소금으로 맞추고 국물이 자작한 상태에서 불을 끕니다.

오독오독 식감이 좋은
다시마채무침

005

INGREDIENTS

염장 다시마 … 200g
청고추 … 1/2개
홍고추 … 1/2개
멸치 액젓 … 1큰술
다진 마늘 … 1작은술
참기름 … 1큰술
통깨 … 약간

① 염장 다시마는 물에 담가 염분을 완전히 빼줍니다.
TIP 겉에 묻은 소금기를 씻은 뒤 맑은 물을 두세 번 갈아가며 담가두어야 염분이 빠집니다.

② 다시마는 가늘게 채 썰고, 청·홍고추는 잘게 다집니다.

③ 볼에 ②의 재료를 넣고 멸치 액젓과 다진 마늘, 청·홍고추를 넣고 무칩니다.

④ 양념을 고루 버무리고 참기름과 통깨를 뿌려 완성합니다.

쌉싸름함 속에 품은 향긋함
도라지볶음

006

INGREDIENTS

도라지 … 2줌(200g)
멸치 육수 … 3큰술
참기름 … 1/2큰술
통깨 … 약간
식용유 … 적당량

소금물
물 … 1컵
소금 … 1큰술

양념
국간장 … 1작은술
다진 파 … 1큰술
다진 마늘 … 1작은술
소금 … 1/3작은술

① 물 1컵에 소금 1큰술을 풀고 도라지를 넣어 거품이 나도록 여러 번 주물러 씻은 다음 맑은 물에 30분 정도 담가 쓴맛을 빼줍니다.

② 물기를 뺀 도라지에 국간장, 다진 파, 다진 마늘, 소금을 넣고 조물조물 무칩니다.

TIP 간장 대신 소금으로 간하면 도라지의 색감이 예뻐요.

③ 달군 팬에 기름을 두르고 ②의 도라지를 볶다가 멸치 육수를 넣어 1분 이내로 짧게 볶아줍니다.

TIP 멸치 육수를 넣으면 감칠맛도 나고 기름도 많이 먹지 않아요. 그냥 물을 사용해도 상관없어요.

④ 불을 끄고 참기름, 통깨를 뿌린 다음 뚜껑을 닫고 1~2분 정도 남은 열로 익힙니다.

너무 시지 않게 만들면 더 맛있는
도라지오이생채

007

INGREDIENTS

도라지 … 1+1/2줌(150g)
오이 … 1/2개
참기름 … 약간
통깨 … 약간

소금물
물 … 1/2컵
소금 … 1작은술

양념
고추장 … 1+1/2큰술
고춧가루 … 1/2큰술
식초 … 1큰술
설탕 … 2작은술

① 소금물에 도라지를 넣고 빠득거리며 주무른 후 맑은 물에 20분 정도 담가 쓴맛을 빼고 물기를 없애둡니다.
TIP 도라지가 너무 굵으면 적당히 칼집을 내어 찢어주세요.

② 양념 재료를 모두 섞어둡니다. 오이는 반으로 갈라 어슷하게 썹니다.

③ 볼에 도라지와 오이를 넣고 양념을 넣어 버무립니다.

④ 양념이 어우러지면 참기름과 통깨를 넣고 버무려 마무리합니다.

쑥갓의 향이 부드럽게 어우러지는
두부쑥갓무침

008

INGREDIENTS

두부 … 1/3모(100g)
쑥갓 … 1줌(50g)
다진 파 … 2작은술
다진 마늘 … 1/2작은술
소금 … 1/2작은술
참기름 … 1/2큰술
통깨 … 1작은술

① 두부는 데치기 적당한 크기로 썰고, 쑥갓은 굵은 대를 떼고 다듬어줍니다.

② 뜨거운 물에 두부를 먼저 데쳐 냅니다. 이어서 쑥갓은 넣었다 바로 빼듯 가볍게 데쳐서 물기를 짠 다음 송송 썰어줍니다.

③ 두부를 으깨고 여기에 썰어놓은 쑥갓과 다진 파, 다진 마늘을 넣고 소금으로 간합니다.

④ 두부와 쑥갓이 어우러지도록 무친 뒤 참기름과 통깨를 넣어 마무리합니다.

나물용 두부 고르기

나물에 넣는 두부는 단단한 부침용 두부로 골라주세요. 그래야 물기가 많이 생기지 않습니다.

새우를 곁들어 레벨 업
무나물

009

INGREDIENTS

무 … 1/5개(300g)
칵테일 새우 … 10~15마리
대파 … 1/5개
다진 마늘 … 1작은술
멸치 육수 … 1/2컵
들기름 … 적당량
검은깨 … 약간
소금(절임용) … 1/2큰술

① 무는 채 썰어 소금을 뿌려 10여 분간 절였다가 체에 밭쳐 물기를 빼둡니다.
TIP 먼저 절이면 간도 미리 되고 부드럽게 볶아져요.

② 칵테일 새우는 꼬리를 떼고, 대파는 어슷하게 썰어줍니다.

③ 달군 팬에 들기름을 두르고 ①의 채 썬 무와 다진 마늘을 넣고 볶다가 칵테일 새우, 멸치 육수를 넣습니다.

④ 무가 살캉거릴 정도로 익으면 불을 끄고 썰어둔 대파와 검은깨를 뿌린 뒤 뚜껑을 닫아 남은 열로 익힙니다.
TIP 모자라는 간은 소금으로 맞추세요.

쌈보다 상추를 많이 먹는 방법
상추겉절이

INGREDIENTS

꽃상추 … 10장(50~60g)
양파 … 1/4개
참기름 … 1/2큰술
통깨 … 1작은술

양념
간장 … 1작은술
멸치 액젓 … 1작은술
매실액 … 1/2큰술
다진 파 … 2작은술
다진 마늘 … 1/2작은술

① 양파는 채 썰어 찬물에 담가 매운맛을 빼고, 상추도 씻어 한 입 크기로 큼직하게 썰어요.
TIP 양파를 찬물에 담그면 매운맛도 빠지지만 식감도 더 아삭해져요.

② 양념이 묽어지지 않도록 상추와 양파의 물기를 최대한 빼서 준비합니다.

③ 분량의 양념 재료를 큰 볼에 넣고 섞어줍니다.

④ ③의 양념에 ②의 상추와 양파를 넣고 가볍게 섞은 뒤 마지막에 참기름과 통깨를 뿌립니다.
TIP 손보다는 젓가락을 이용해서 섞어야 숨이 덜 죽어요.

한 끼 먹을 만큼만 뚝딱 만들어요
숙주나물

011

INGREDIENTS

숙주 … 1봉(200g)
다진 쪽파 … 1큰술
다진 마늘 … 1/2작은술
소금 … 1/3작은술
참기름 … 1/2큰술
통깨 … 1작은술

① 숙주는 끓는 물에 30초 이내로 짧게 데칩니다.
TIP 데치는 물이 넉넉해야 나물을 넣어도 온도가 금방 내려가지 않아요.

② 아삭거리는 맛을 내기 위해 찬물에 헹군 다음 양손으로 살짝 쥐어 물기를 뺍니다.

③ 볼에 ②의 숙주를 넣은 다음 다진 쪽파, 다진 마늘, 소금을 넣어 무칩니다.

④ 참기름과 통깨를 넣어 마무리합니다.

겨울에 먹으면 특히 맛있는
시금치나물

012

INGREDIENTS

시금치 … 3줌(150g)	참기름 … 1/2큰술
국간장 … 2/3큰술	통깨 … 1/3큰술
다진 파 … 1큰술	소금 … 약간
다진 마늘 … 1작은술	

① 시금치는 크기에 따라 2~3등분하고 흐르는 물에 씻어줍니다.

② 끓은 물에 소금을 약간 넣고 30초 이내로 살짝 데친 뒤 찬물에 한 번 헹구어 물기를 제거합니다.

TIP 곧바로 넉넉한 양의 찬물에 헹구어야 남은 열로 인해 시금치가 물러지지 않고 미세한 흙까지 한 번 더 씻어 낼 수 있어요.

③ 데친 시금치는 양손으로 물기를 가볍게 짠 뒤 국간장, 다진 파, 다진 마늘을 넣어 무칩니다.

④ 모자라는 간은 소금으로 조절하고, 참기름과 통깨를 넣어 한 번 더 버무려 완성합니다.

'적당히' 데치기

새내기 주부 때는 적당히 데치는 게 어느 정도인지 몰라 물컹거리는 나물을 만들기 일쑤였어요. 지금 제 '적당히'의 기준은 채소가 푹 잠길 정도의 끓는 물에 채소를 넣고 한두 번 휘저어 30초~1분 내에 채소 숨이 죽었을 때 꺼내는 정도입니다.

어릴 땐 싫었는데 지금은 없어 못 먹는
시래기나물

013

INGREDIENTS

시래기(삶은 것) … 150g
멸치 육수 … 1컵
들기름 … 1큰술
소금 … 약간

양념
된장 … 1큰술
국간장 … 1작은술
다진 파 … 1큰술
다진 마늘 … 1작은술

① 삶은 시래기는 껍질을 벗기고 물기를 꼭 짜서 먹기 좋은 크기로 자릅니다.
TIP 삶은 상태라도 껍질을 벗겨주어야 식감이 부드러워요.

② 손질한 시래기에 양념 재료를 모두 넣고 양념이 잘 배이게끔 조물조물 무칩니다.

③ 팬을 달궈 들기름을 두르고 시래기를 볶다가 멸치 육수를 부어줍니다.

④ 국물이 자작하게 줄어들면 불을 끄고 모자라는 간은 소금으로 조절합니다.

간단히 만들어 샐러드처럼 먹는
쌈배추채무침

014

INGREDIENTS

쌈배추 잎 … 8장(300g)
양파 … 1/4개
어린잎 채소 … 적당량

양념
국간장 … 2작은술
멸치 액젓 … 1작은술
식초 … 1큰술
들기름 … 1큰술
포도씨유 … 1큰술

다진 마늘 … 1작은술
고춧가루 … 1작은술
후춧가루 … 약간
깨(간 것) … 1큰술
설탕 … 1작은술

① 쌈배추와 양파는 가늘게 채 썰어줍니다. 어린잎 채소도 가볍게 씻어 물기를 빼둡니다.

② ①의 쌈배추와 양파를 찬물에 담갔다가 채소 탈수기를 이용해 최대한 물기를 제거합니다.
TIP 찬물에 담그는 이유는 쌈배추의 식감을 살리고 양파의 아린 맛을 빼기 위함입니다.

③ 그릇에 양념 재료를 모두 넣고 설탕이 완전히 녹도록 섞어줍니다.

④ 물기를 완전히 뺀 채소에 ③의 양념을 넣고 버무려 냅니다.

깨, 고소하게 즐기기

깨는 미리 갈아두지 말고 먹기 직전에 사용할 만큼만 통깨를 빻아서 쓰면 더 고소해요.

새우젓으로 간해 더 깊은 맛이 나는
애호박볶음

015

INGREDIENTS

애호박 … 1/2개(150g)	참기름 … 1/2큰술	**양념**
당근 … 약간	통깨 … 1작은술	새우젓 … 1큰술
양파 … 1/5개	식용유 … 적당량	다진 파 … 1큰술
홍고추 … 1/3개		다진 마늘 … 1작은술

① 애호박은 0.5cm 두께로 반달썰기 하고, 당근과 양파도 비슷한 크기로 썰어 준비합니다. 홍고추는 어슷하게 썰어 씨를 가볍게 털어 냅니다.

② 볼에 애호박, 당근, 양파, 홍고추를 담은 다음 양념 재료를 모두 넣고 섞어서 간을 합니다.

③ 달군 팬에 기름을 두르고 ②의 재료를 넣어 살짝 덜 익었다 싶을 때까지 볶다가 참기름과 통깨를 뿌리고 불을 끕니다.

TIP 볶다가 기름이 부족하면 대신 멸치 육수나 물을 조금씩 넣어보세요.

④ 넓은 그릇에 ③의 볶은 재료를 넓게 펼쳐 식힌 후 접시에 담아 냅니다.

양배추를 맛있게 먹는 또 다른 방법
양배추볶음

016

INGREDIENTS

양배추 … 1/5개(200g)
다진 파 … 2작은술
다진 마늘 … 1작은술
소금 … 1작은술
참기름 … 1큰술
깨(간 것) … 1큰술
식용유 … 적당량

① 양배추는 0.5cm 두께로 썰어 맑은 물에 두세 번 헹군 뒤 물기를 빼서 준비합니다.

② 달군 팬에 기름을 두르고 다진 파, 다진 마늘을 넣어 향을 내줍니다.

③ 양배추를 넣고 볶기 시작하다가 소금을 넣어 간을 합니다.

④ 양배추의 숨이 살짝 죽으면 참기름과 깨 간 것을 넣어 한 번 더 뒤적여서 완성합니다.

TIP 마지막에 뚜껑을 닫고 여열로 한 번 더 익혀주면 식감이 더 부드러워집니다.

부드럽고 삼삼한 매력
얼갈이된장무침

017

INGREDIENTS

얼갈이배추 … 1/3단(300g)
홍고추 … 1/2개
참기름 … 1큰술
통깨 … 1작은술
소금(데침용) … 약간

양념
된장 … 1큰술
국간장 … 1작은술
다진 파 … 1큰술
다진 마늘 … 1작은술
고춧가루 … 1작은술

① 얼갈이배추는 끓는 물에 소금을 조금 넣고 밑동부터 넣어 1분 정도 데친 뒤 찬물에 헹구어줍니다.

② 찬물에 헹군 얼갈이배추는 양손을 이용해 살포시 물기를 짜 한 입 크기로 자릅니다. 홍고추는 어슷하게 썬 후 씨를 털어줍니다.

TIP 데친 얼갈이배추의 물기를 짤 때 손에 힘을 너무 주면 물러져요.

③ 볼에 ②의 얼갈이배추를 담고, 분량의 양념 재료를 모두 넣어요.

④ 얼갈이배추를 양념에 고루 버무리고 참기름과 통깨를 뿌려 마무리합니다.

건강해지는 기분
연근마요네즈깨무침

018

INGREDIENTS

재료
연근 … 1/2개(200g)
소금(데침용) … 2작은술

드레싱
흑임자 … 1큰술
마요네즈 … 3큰술
레몬즙 … 1큰술
설탕 … 1/2큰술
소금 … 1/3작은술

① 연근은 0.3cm 두께로 썰어줍니다. 끓는 물에 소금 2작은술을 넣고 연근을 살짝 데쳐 찬물에 헹군 다음 물기를 뺍니다.
TIP 연근은 데칠 때 물에 옅게 소금 밑간을 해야 맛이 겉돌지 않아요.

② 흑임자는 절구에 으깨고, 나머지 드레싱 재료들과 한데 넣어 섞어줍니다.

③ ②의 볼에 ①의 연근을 넣어줍니다.

④ 연근을 드레싱에 고루 버무려 완성합니다.

절여 볶아도 아삭아삭한
오이볶음나물

019

INGREDIENTS

오이 ⋯ 2개	참기름 ⋯ 1/2큰술
홍고추 ⋯ 약간	통깨 ⋯ 약간
다진 파 ⋯ 1큰술	소금(절임용) ⋯ 1/2작은술
다진 마늘 ⋯ 1작은술	식용유 ⋯ 적당량

① 오이는 둥근 모양을 살려 얄팍하게 썹니다. 소금을 고루 뿌리고 15분 정도 절인 뒤 면보를 이용해 물기를 꼭 짜줍니다.

② 달군 팬에 기름을 두르고 ①의 오이와 동그란 모양을 살려 썬 홍고추, 다진 파, 다진 마늘을 넣고 볶습니다.

③ 절인 오이에 고르게 기름이 묻을 정도로 볶아지면 참기름과 통깨를 넣어줍니다.
TIP 오이는 살짝만 볶아도 충분합니다.

④ 볶은 오이는 재빨리 넓은 그릇에 펼쳐 열기를 식혔다가 그릇에 담습니다.
TIP 식혀서 담아야 오이의 푸른 색감이 빨리 변하지 않아요.

상큼함에 상큼함을 더한
오이파프리카무침

020

INGREDIENTS

오이 … 1개
미니 파프리카 … 1개

양념
참기름 … 1큰술
다진 파 … 1큰술
다진 마늘 … 1작은술
통깨 … 1큰술
소금 … 1/2작은술

① 오이와 파프리카는 0.5cm 두께로 동그란 모양을 살려 썰어줍니다.

② 볼에 양념 재료를 넣고 섞어줍니다.

③ ②에 오이와 파프리카를 넣습니다.

④ 채소와 양념이 골고루 섞이게 버무려 완성합니다.

쪽파가 이렇게 달달할 줄이야
쪽파김무침

021

INGREDIENTS

쪽파 … 80g
김 … 6장
참기름 … 1/2큰술
통깨 … 1/2큰술

양념
국간장 … 2작은술
매실액 … 1큰술
다진 마늘 … 1작은술
고춧가루 … 1작은술

① 손질한 쪽파는 5cm 길이로 썰고, 김은 불에 구워 잘게 부숩니다.
TIP 쪽파의 흰 부분이 굵으면 반으로 칼집을 내보세요. 식감이 더 좋아요.

② 끓는 물에 손질한 쪽파를 한 번 넣었다 빼는 느낌으로 데친 후 찬물에 헹구고 물기를 짭니다.
TIP 연한 잎보다 흰 부분이 있는 줄기 쪽을 먼저 넣으면 좀 더 균일하게 데칠 수 있어요.

③ 볼에 물기를 꼭 짠 쪽파를 넣고 분량의 재료를 섞어 만든 양념을 부어 조물조물 무쳐줍니다.

④ ③의 양념한 쪽파에 ①의 부순 김을 넣고 숨이 죽을 정도로 골고루 버무린 다음 참기름과 통깨를 넣어 마무리합니다.

전에 곁들이면 특히 맛있는
쪽파더덕무침

022

INGREDIENTS

쪽파 … 60g
더덕 … 2뿌리
참기름 … 1/2큰술
통깨 … 1작은술

양념
간장 … 1/2큰술
멸치 액젓 … 1작은술
매실액 … 1큰술
다진 마늘 … 1작은술
고춧가루 … 1/2큰술

① 쪽파는 5cm 길이로 썰고 뿌리의 흰 부분은 반으로 잘라줍니다. 더덕은 껍질을 벗기고 얇게 채 썰어요.

② 큰 볼에 양념 재료를 모두 넣고 섞어 양념을 만듭니다.

③ 양념에 ①의 쪽파와 더덕을 넣어줍니다.

④ 쪽파와 더덕을 양념에 고루 버무린 뒤 참기름과 통깨를 뿌려 완성합니다.

된장과 어울리는 쌉쌀한 맛
취나물무침

023

INGREDIENTS

취나물 … 150g
참기름 … 1/2큰술
통깨 … 1작은술

양념
된장 … 1/2큰술
고추장 … 1작은술
국간장 … 1작은술
다진 파 … 1큰술
다진 마늘 … 1작은술

① 취나물은 끓는 물에 30초 이내로 짧게 데쳐 냅니다.

② 데친 취나물은 찬물에 재빨리 헹군 다음 물기를 짭니다.

③ 양념 재료를 볼에 넣고 섞은 뒤 데친 취나물을 넣어줍니다.

④ 취나물에 양념이 배도록 고루 버무린 뒤 참기름, 통깨를 뿌려 완성합니다.

나물 맛 즐기기

햇나물이 많이 상에 오르는 봄이면 비슷한 양념으로 무치다 보니 나물들 맛이 다 비슷하게 느껴지죠. 양념을 조금 부족한 듯 넣고 가볍게 버무리면 나물 본래의 맛과 향을 제대로 느낄 수 있어요.

고춧가루를 뿌려 더 입맛 도는
콩나물무침

024

INGREDIENTS

콩나물 … 300g	고춧가루 … 1큰술
소금 … 2/3작은술	참기름 … 1/2큰술
다진 파 … 1큰술	통깨 … 1작은술
다진 마늘 … 1작은술	

① 콩나물은 바닥이 도톰한 냄비에 물 1/4컵을 넣고 중강불에서 뚜껑을 덮고 삶다가, 김이 오르기 시작하면 약불로 줄여 1분 후 불을 꺼줍니다.
TIP 바닥이 얇은 냄비는 수분이 금방 증발하므로 물을 좀 더 넣어주세요.

② 삶은 콩나물을 바로 찬물에 헹군 뒤 물기를 제거합니다.

③ 콩나물에 소금으로 간을 맞춘 다음 다진 파, 다진 마늘, 고춧가루를 넣고 고루 무칩니다.
TIP 이때 ①의 저수분으로 삶고 남은 물을 1~2큰술 넣으면 촉촉해요.

④ 고춧가루 색과 양념이 콩나물에 고루 배면 참기름과 통깨를 넣어주세요.

콩나물 데치기

콩나물은 빠르게 데친 후 곧바로 찬물에 담가 헹구면 백반집 콩나물무침처럼 식감이 아삭해져요.

부드러움 속에 톡톡 터지는 식감이 일품
톳두부무침

025

INGREDIENTS

톳 … 2줌(100g)
두부 … 1/3모(100g)
참기름 … 1/2큰술
통깨 … 1작은술

양념
다진 파 … 1큰술
다진 마늘 … 1작은술
소금 … 1/3작은술

① 톳은 소금물에 가볍게 치대어 씻은 뒤 먹기 좋은 크기로 썰어줍니다.
TIP 염장 톳은 물에 담가 소금기를 빼고 사용하세요.

② 끓는 물에 톳을 넣었다 뺀 다음 물기를 제거하고, 두부는 면보를 이용해 물기를 꼭 짭니다.
TIP 톳은 뜨거운 물에 넣었다가 색이 변하면 바로 꺼내는 정도로만 데쳐요.

③ 먼저 두부를 손으로 으깬 뒤, 톳과 분량의 양념 재료를 넣고 무칩니다.

④ 참기름과 통깨를 넣어 완성합니다.

바다향이 입 안 가득 차오르는
파래무무침

026

INGREDIENTS

파래 … 2묶음(200g)
무(달걀 크기) … 1토막(50g)
깨(간 것) … 1큰술
소금(절임용) … 1/3작은술

양념
멸치 액젓 … 2작은술
식초 … 2작은술
다진 파 … 1큰술
다진 마늘 … 1작은술
설탕 … 2작은술

① 무는 채 썰어 소금 1/3작은술을 넣고 10여 분간 절였다가 손으로 꼭 짜 물기를 뺍니다.

② 파래는 체에 넣고 큰 볼에 물을 받아 두세 번 물을 갈아가며 헹군 후 양손으로 물기를 짭니다.
TIP 체에 밭치고 씻으면 씻다가 버려지는 파래가 생기지 않아요.

③ 볼에 분량의 양념 재료를 모두 넣어 섞은 다음 먼저 파래를 넣어 무치고 다음으로 절인 무를 넣습니다.
TIP 무치다 보면 파래와 무가 따로 놀기 때문에 파래를 떼어가며 채 썬 무와 섞어주세요.

④ 무와 파래를 고루 섞은 뒤 깨 간 것을 뿌려 완성합니다.

쫄깃하고 건강한 맛
표고들깨볶음

027

INGREDIENTS

마른 표고버섯 … 6개	들기름 … 적당량
들깻가루 … 2큰술	멸치 육수 … 2/3컵
청양고추 … 1개	소금 … 약간
국간장 … 1큰술	

① 마른 표고버섯은 물에 불린 다음 채 썰고, 청양고추는 동그란 모양을 살려 얇게 썹니다.
TIP 생 표고버섯을 사용해도 좋아요. 버섯 기둥은 멸치 육수나 채소 육수를 만들 때 활용하세요.

② 채 썬 표고버섯을 국간장에 버무려 밑간을 합니다.

③ 달군 팬에 들기름을 두르고 ②의 표고버섯을 넣어 볶다가 멸치 육수를 넣고 끓입니다.

④ 한소끔 끓으면 들깻가루와 청양고추를 넣어 한 번 더 뒤적이고 모자라는 간은 소금으로 조절합니다.

감자 하나로 만드는 최애 반찬
감자볶음

028

INGREDIENTS

감자 … 2개
청양고추 … 1개
참기름 … 1작은술
통깨 … 1작은술

소금 … 1/3작은술
식용유 … 적당량

① 감자는 곱게 채 썰어 찬물에 담가 전분기를 빼고, 청양고추는 어슷하게 썰어줍니다.
TIP 전분기를 빼고 볶으면 감자가 팬에 덜 달라붙어요.

② ①의 감자는 체에 받쳐 물기를 빼고, 청양고추도 물에 담가 씨를 털어낸 뒤 물기를 뺍니다.

③ 달군 팬에 기름을 두르고 청양고추를 먼저 넣어 매콤한 맛을 낸 뒤 채 썬 감자를 넣고 함께 볶아줍니다.

④ 감자가 2/3 정도 살캉하게 익으면 소금, 참기름, 통깨를 뿌리고 불을 끈 후 뚜껑을 덮어 잔열로 속까지 마저 익힙니다.
TIP 감자를 볶다가 빡빡하면 기름 대신 물을 1숟가락 정도 넣어주세요.

5분이면 만드는 간편 반찬
고추된장무침

029

INGREDIENTS

오이고추 … 5개
양파 … 1/4개
다진 견과류 … 1큰술

양념
된장 … 1+1/2큰술
올리고당 … 1큰술
다진 파 … 2작은술
다진 마늘 … 1작은술
고춧가루 … 1작은술
통깨 … 1작은술

① 오이고추와 양파는 한 입 크기로 썰어 찬물에 담가 고추씨를 털어 내고 양파의 매운맛도 살짝 제거한 후 물기를 빼줍니다.

② 볼에 양념 재료를 모두 넣고 섞어줍니다.

③ ②의 양념에 물기를 뺀 양파와 고추를 넣어줍니다.

④ 고추와 양념이 잘 섞이도록 골고루 버무려 완성합니다.
TIP 매콤한 맛을 원한다면 오이고추 대신 풋고추를 넣어도 돼요.

잔멸치에 안 밀리는 맛
굵은멸치고추장볶음

030

INGREDIENTS

굵은 멸치(손질한 것) … 100g
마늘 … 5알
통깨 … 1큰술
식용유 … 적당량

양념
고추장 … 2큰술
간장 … 1작은술
매실액 … 1큰술
올리고당 … 2큰술
청주 … 1큰술

① 마늘은 편으로 썹니다. 달군 팬에 기름을 두르고 마늘을 노릇하게 튀긴 다음 덜어둡니다.

② 마늘을 튀긴 팬에 손질한 멸치를 기름으로 코팅하듯 살짝 뒤섞으며 볶아 다른 그릇에 담아둡니다.

③ 팬에 양념 재료를 모두 넣고 끓입니다. 가운데까지 거품이 나면서 끓으면 불을 끄고 ①의 마늘과 ②의 멸치를 넣습니다.

④ 멸치와 마늘에 양념이 고루 묻게 버무린 다음 통깨를 뿌려 마무리합니다.

묵은 김 맛있게 먹는 법
김무침

INGREDIENTS

김 … 15장
마늘 … 5알
당근 … 약간
다진 쪽파 … 1큰술
참기름 … 1큰술
통깨 … 약간

양념
간장 … 1+1/2큰술
올리고당 … 2큰술
맛술 … 1+1/2큰술
물 … 2큰술
후춧가루 … 약간

① 김은 불에 살짝 구워 잘게 찢고, 마늘은 얇게 편으로 썰고, 당근은 가늘게 채 썹니다.
TIP 김을 비닐에 넣고 찢으면 가루가 날리지 않아 깔끔해요.

② 냄비에 양념 재료를 모두 넣어 섞고 ①의 당근과 마늘을 넣어 중약불에서 끓입니다.

③ 기포가 생기면 불을 줄이고 ①의 김을 넣어 양념이 고루 배도록 섞은 뒤 불을 끕니다.

④ 다진 쪽파, 참기름, 통깨를 넣고 한 번 더 뒤섞어 완성합니다.

신김치로 만들어야 더 맛있는
김치어묵볶음

032

INGREDIENTS

어묵(납작한 것) … 2장
김치(잘게 썬 것) … 1컵(100g)
다진 파 … 1큰술
다진 마늘 … 1작은술

참기름 … 1큰술
통깨 … 1/2큰술
식용유 … 적당량

양념
고추장 … 1/2큰술
고춧가루 … 1/2큰술
올리고당 … 1큰술

① 어묵은 먹기 좋은 크기로 썰어 체에 밭친 다음 뜨거운 물을 부어 기름기를 빼고, 김치는 송송 썰어 준비합니다.

② 팬을 달구어 기름을 두르고 김치와 다진 파, 다진 마늘을 넣고 볶습니다.

③ 팬에 ①의 어묵을 넣고, 고추장, 고춧가루를 넣어 고루 볶아줍니다.

④ 고추장의 붉은색이 어묵에 잘 어우러지면 올리고당을 넣고 한 번 더 뒤적이다 참기름, 통깨로 마무리합니다.

고소함과 매콤함의 조화
꽈리고추멸치볶음

033

INGREDIENTS

멸치(중) … 1+1/2컵(70g)
꽈리고추 … 5개
마늘 … 5알
통깨 … 약간
들기름 … 1큰술
식용유 … 적당량

양념
간장 … 2작은술
올리고당 … 1+1/2큰술
청주 … 1큰술

① 마늘은 얇게 편으로 썹니다. 꽈리고추는 먹기 좋은 크기로 썰어 씨를 털어내고 끓는 물에 가볍게 데칩니다.

② 팬에 기름을 넉넉히 두르고 마늘을 먼저 넣고 볶아 향을 낸 다음 멸치도 전체적으로 기름이 고루 배게 볶아 그릇에 덜어둡니다.

TIP 식용유에 들기름을 넣으면 훨씬 풍미가 좋아요.

③ 팬에 양념 재료를 모두 넣고, 끓으면 꽈리고추를 먼저 넣고 버무립니다.

④ ③에 덜어둔 볶은 멸치와 마늘을 넣고 버무린 뒤 불을 끄고 통깨를 뿌려 완성합니다.

입맛 돋우는 여름 반찬
꽈리고추찜

034

INGREDIENTS

꽈리고추 … 150g
밀가루 … 2큰술
참기름 … 1큰술
통깨 … 1작은술

양념
간장 … 2작은술
국간장 … 1작은술
매실액 … 1큰술
다진 파 … 1큰술
다진 마늘 … 1작은술
고춧가루 … 2/3큰술

① 잘 씻은 꽈리고추는 꼭지를 떼고 크기가 큰 것은 반으로 자른 후 물기가 있을 때 밀가루를 고루 묻혀줍니다. 고춧가루가 붇도록 양념도 미리 섞어둡니다.

② 찜기에 젖은 면보를 깔고 그 위에 ①의 꽈리고추를 올려 5~7분 정도 쪄줍니다.

TIP 물이 팔팔 끓고 있을 때 꽈리고추를 올리고, 찌고 나서도 날가루가 보이면 분무기로 물을 뿌려 1~2분 더 찝니다.

③ 볼에 찐 꽈리고추를 넣고 ①의 양념을 넣어 버무립니다.

④ 참기름을 두르고 통깨를 뿌려 마무리합니다.

365일 인기 반찬
달걀말이

035

INGREDIENTS

- 달걀 … 4개
- 마요네즈 … 1큰술
- 물 … 1큰술
- 다진 당근 … 1큰술
- 다진 양파 … 1큰술
- 다진 부추 … 1큰술
- 검은깨 … 1/2작은술
- 소금 … 1/3작은술
- 식용유 … 적당량

① 볼에 달걀과 마요네즈, 물, 잘게 다진 당근, 양파, 부추, 그리고 검은깨, 소금을 넣고 잘 섞습니다.

② 달군 팬에 기름을 두르고 키친타월로 한 번 닦아낸 후, 달걀물을 1/4 정도 팬의 바닥에 얇게 깔리도록 고루 펴듯 부어줍니다.

③ 달걀을 돌돌 말아 한쪽으로 옮긴 뒤 다시 얇게 달걀물을 부어줍니다. 달걀물이 완전히 익기 전에 말아놓은 달걀말이에 말아가며 익힙니다.
TIP 이때 달걀물을 한꺼번에 많이 부으면 예쁘게 말리지 않으니 얇게 깔리도록 부어주세요.

④ 조금씩 부어가며 돌돌 만 달걀말이는 아주 약한 불에서 옆면까지 골고루 익힙니다.

달걀말이 모양 내기

달걀말이는 한 김 식은 후 썰어야 단면이 더 반듯하고 예쁘게 나옵니다.

우유를 넣어 식감이 부드러운
달걀볶음

036

INGREDIENTS

달걀 … 3개
우유 … 3큰술
자투리 채소(양파, 대파, 당근) … 적당량
소금 … 약간
검은깨 … 약간
식용유 … 적당량

① 볼에 달걀과 우유를 풀어 소금으로 간을 합니다. 자투리 채소는 가늘게 채 썰어줍니다.

② 달군 팬에 기름을 두르고 ①의 채 썬 채소에 소금을 1꼬집 넣어 볶은 후 덜어둡니다.

③ 달군 팬에 기름을 두른 다음 ①의 달걀물을 붓고, 윗면이 다 익기 전에 휘저어 덩어리를 만들어줍니다.

④ 달걀이 몽글하게 익으면 ②의 채소와 검은깨를 넣어 마무리합니다.

달걀볶음 활용법

여유 있게 만들어 남겼다가 아침에 샌드위치 속으로 활용해도 잘 어울리고 맛있어요.

들깻가루가 들어가 더 맛있는
도토리묵무침

037

INGREDIENTS

도토리묵 … 1모(500g)
오이 … 1/2개
깻잎 … 5장
쑥갓 … 1줌(50g)
양파 … 1/2개

양념
간장 … 1큰술
국간장 … 2작은술
매실액 … 2큰술
참기름 … 1큰술

다진 쪽파 … 1큰술
다진 마늘 … 1작은술
고춧가루 … 1작은술
들깻가루 … 2큰술

① 도토리묵은 끓는 물에 살짝 데쳐 한 입 크기로 자릅니다.

② 오이는 어슷썰기 하고, 깻잎은 숭덩숭덩 자르고, 쑥갓은 잎 부분만 떼어 냅니다. 양파는 채 썰어 찬물에 담가 매운맛을 뺍니다.

③ 양념은 분량의 재료를 섞어 준비합니다.

④ ①의 도토리묵과 ②의 채소를 ③의 양념에 버무려 완성합니다.

알싸하게 입맛 돋우는
마늘종고추장무침

038

INGREDIENTS

마늘종 … 1+1/2줌(150g)
참기름 … 1/2큰술
통깨 … 1작은술
소금(데침용) … 1/2큰술

양념
고추장 … 1+1/2큰술
매실액 … 1큰술
고춧가루 … 1작은술

① 마늘종은 단단한 줄기 부분만 다듬어 한 입에 먹기 좋게 5cm 길이로 자릅니다.

② 마늘종이 모두 잠길 만큼의 넉넉한 끓는 물에 소금을 넣고 마늘종을 30초~1분 정도 데칩니다. 데친 마늘종은 찬물에 헹군 뒤 물기를 뺍니다.

③ 데친 마늘종을 볼에 담고, 양념 재료도 모두 넣어줍니다.

④ 양념과 마늘종을 고루 버무린 후 참기름과 통깨를 뿌려 완성합니다.

재료의 색감 대비가 식욕을 자극하는
마늘종마른새우볶음

039

INGREDIENTS

마늘종 … 150g
마른 새우 … 1컵(20g)
참기름 … 1큰술
통깨 … 1/2큰술

소금 … 약간
식용유 … 적당량

양념
간장 … 1큰술
올리고당 … 1큰술
맛술 … 1큰술

① 마른 새우는 체에 밭쳐 흐르는 물에 한 번 헹군 뒤 내열 용기에 넣고 랩을 씌워 전자레인지에 1분간 돌립니다.
TIP 마른 새우에는 습기를 살짝 미리 주어야 뒤에 간장 양념을 고르게 흡수합니다.

② 마늘종은 끓는 물에 30초 이내로 가볍게 데친 다음 물기를 빼고 소금을 두세 꼬집 뿌려 간이 배도록 버무려둡니다.

③ 팬을 달구고 기름을 두른 뒤 새우와 마늘종을 가볍게 볶다가 양념 재료를 모두 넣습니다.

④ 양념이 마늘종과 새우에 고루 배면 참기름과 통깨를 뿌려 완성합니다.

견과류를 곁들여 더 맛있는
마른새우볶음

040

INGREDIENTS

마른 새우 … 2컵(40g)
호박씨 … 2큰술(20g)
통깨 … 약간

양념
고추장 … 1큰술
간장 … 1작은술
매실액 … 1큰술
올리고당 … 1큰술
청주 … 1큰술
다진 마늘 … 1작은술
식용유 … 1큰술

① 마른 새우와 호박씨는 팬에 볶아 부스러기를 털어 냅니다.

② 냄비에 분량의 양념 재료를 넣고 전체적으로 기포가 생길 정도로 끓입니다.

③ ②의 양념에 ①의 마른 새우와 호박씨를 넣습니다.

④ 마른 새우에 양념이 고루 배도록 섞은 후 마지막으로 통깨를 뿌립니다.

염도는 낮추고 고소함은 높이고
멸치아몬드볶음

041

INGREDIENTS

잔멸치 … 50g
아몬드(슬라이스) … 1/2컵(40g)
마늘 … 3알
통깨 … 약간
식용유 … 1+1/2큰술

양념
간장 … 1작은술
청주 … 1큰술
생강즙 … 1/2작은술
설탕 … 1작은술
올리고당 … 1+1/2큰술

① 멸치는 부스러기를 털어 내고, 마늘은 얇게 슬라이스합니다.
TIP 아몬드는 마른 팬이나 오븐에 살짝 구워주면 더 고소해져요.

② 달군 팬에 기름을 두르고 마늘을 먼저 볶습니다. 마늘 가장자리가 연한 갈색을 띠기 시작하면 멸치를 넣고 튀겨지는 소리가 날 때까지 볶은 다음 그릇에 덜어둡니다.

③ 팬에 올리고당을 제외한 양념 재료를 넣고 끓입니다. 팬의 가운데까지 거품이 보글거리면 불을 끈 후 ②의 멸치와 마늘을 넣어 재빨리 버무리고 아몬드를 넣습니다.

④ 마지막으로 올리고당을 넣고 고루 섞은 다음 통깨를 뿌려 완성합니다.

채소를 넣어 덜 짜고 더 아삭한
명란젓무침

042

INGREDIENTS

명란젓 … 150g
다진 양파 … 3큰술
다진 쪽파 … 2큰술
참기름 … 1/2큰술
통깨 … 1작은술

① 송송 썬 양파와 쪽파는 찬물에 한 번 헹구어 매운맛을 빼고, 키친타월을 이용해 물기를 최대한 제거합니다.

② 명란젓은 잘게 다집니다.
TIP 무치다 보면 자연스럽게 으스러지니 일부러 막을 제거하지 않아도 돼요.

③ 볼에 다진 채소와 명란을 넣고 참기름, 통깨도 함께 넣습니다.

④ 젓가락을 이용해 고루 섞어 완성합니다.

비빔밥을 만들어 먹고 싶어지는
무생채

043

INGREDIENTS

무 … 1/3개(500g)
쪽파 … 3줄기
통깨 … 약간
소금(절임용) … 1큰술

양념
멸치 액젓 … 1/2큰술
식초 … 1큰술
생강즙 … 1/2작은술
다진 마늘 … 1큰술
고춧가루 … 1+1/2큰술
설탕 … 1큰술

① 무는 껍질을 벗겨 채 썬 다음, 소금 1큰술을 골고루 뿌려 20분 내외로 절입니다.
TIP 굵은소금보다는 중간 입자의 소금을 사용하면 빨리 녹아요.

② 절인 무의 물기를 빼고 쪽파는 0.5cm 길이로 송송 썹니다. 고춧가루를 제외한 양념 재료를 모두 섞어둡니다.
TIP 무는 체에 밭쳐 저절로 물기가 빠지게 하는 정도가 적당해요.

③ 절인 무에 고춧가루를 먼저 넣고 무쳐 빨갛게 색을 냅니다.

④ ③의 무에 ②의 양념을 넣고 버무린 뒤 통깨를 뿌려 완성합니다.

백반집 인기 반찬

미역줄기볶음

INGREDIENTS

염장 미역 줄기 … 1봉(300g)
양파 … 1/2개
홍고추 … 1/3개
다진 마늘 … 1큰술
국간장 … 1작은술

참기름 … 1/2큰술
후춧가루 … 약간
통깨 … 1작은술
식용유 … 적당량

① 염장 미역 줄기는 찬물을 갈아가며 담가둬 소금기를 뺀 다음 한 입 크기로 썹니다. 양파와 홍고추는 최대한 가늘게 채 썹니다.
TIP 미역 줄기는 입에 넣었을 때 따로 간하지 않아도 될 만큼 소금기를 남겨놓는 게 좋아요.

② 달군 팬에 기름을 두르고 채 썬 양파와 고추, 다진 마늘을 넣고 양파가 완전히 투명해질 때까지 볶습니다.
TIP 양파가 기름을 충분히 흡수할 수 있도록 평소보다 기름을 넉넉히 넣어 볶아주세요.

③ 충분히 볶아진 양파와 고추를 한쪽으로 밀어놓고, 미역 줄기를 넣어 달달 볶습니다.

④ 먼저 볶은 양파, 고추와 미역 줄기를 고루 섞은 다음 국간장을 넣어 간을 맞춥니다. 마무리로 참기름, 후춧가루, 통깨를 뿌립니다.

아이도 어른도 좋아하는
뱅어포튀김

045

INGREDIENTS

뱅어포 … 4장
통깨 … 약간
식용유 … 1컵

양념
고추장 … 2큰술
간장 … 1큰술
매실액 … 1큰술

올리고당 … 2큰술
맛술 … 2큰술
생강즙 … 1/2작은술
다진 마늘 … 1작은술

① 뱅어포는 가위를 이용해 한 입 크기로 자릅니다.

② 냄비에 식용유 1컵을 넣고 달군 다음 뱅어포를 튀겨 덜어둡니다.
TIP 냄비를 한쪽으로 기울여 집게로 뱅어포 3~4장 집어 넣으면 적은 기름으로도 충분히 튀길 수 있어요.

③ 넓은 팬에 분량의 양념 재료를 모두 넣고 보글보글 기포가 생길 정도로 끓으면 불을 끕니다.

④ ②의 튀겨둔 뱅어포를 양념에 버무리고 통깨를 뿌려 마무리합니다.

만들어두면 두루 쓰이는
소고기고추장볶음

046

INGREDIENTS

소고기(다짐육) … 50g
양파 … 1/4개
고추장 … 1/2컵
매실액 … 2큰술

참기름 … 1/2큰술
통깨 … 1/2큰술

소고기 밑간
청주 … 1작은술
다진 마늘 … 1작은술
후춧가루 … 약간

① 소고기는 청주, 다진 마늘, 후춧가루를 넣어 밑간을 하고, 양파는 잘게 다집니다.

② 달군 팬에 참기름을 두르고 양파를 넣어 숨이 죽을 정도로 볶다가 밑간한 소고기도 넣어 함께 볶습니다.
TIP 양파를 볶다가 팬에 달라붙으면 기름 대신 물을 1큰술 정도 넣으세요.

③ 볶은 소고기에 고추장과 매실액을 넣습니다.
TIP 고추장 염도가 높다면 올리고당을 조금 넣어 조절해주세요.

④ 모든 재료가 고르게 섞이도록 약불에서 볶다가 끓기 시작하면 불을 끄고 통깨를 넣어 마무리합니다.

떡도 반찬이 됩니다
어묵떡볶음

INGREDIENTS

어묵(원통 모양) … 3개
떡볶이떡 … 100g
마늘 … 3알
자투리 채소(대파, 당근) … 적당량

참기름 … 1/2큰술
통깨 … 1작은술
후춧가루 … 약간
식용유 … 적당량

양념
간장 … 1큰술
올리고당 … 1큰술
맛술 … 1큰술

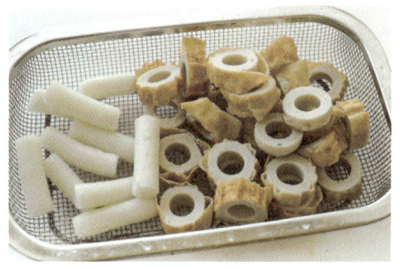

① 떡은 말랑해지도록 끓는 물에 살짝 담갔다 건지고, 1cm 두께로 썬 어묵도 뜨거운 물을 부어 겉면의 기름기를 빼줍니다.

② 달군 팬에 기름을 두르고 편으로 썬 마늘, 한 입 크기로 썬 대파와 당근을 먼저 넣고 볶습니다.

③ 팬에 향이 올라올 정도 되면 ①의 떡과 어묵을 넣고 함께 볶습니다.

④ 볶고 있던 재료를 팬 한쪽으로 밀어둡니다. 팬을 살짝 기울여 양념 재료를 모두 넣고 거품이 살짝 올라올 정도로 끓인 다음 밀어놓았던 재료와 고루 버무립니다. 마지막으로 참기름, 통깨, 후춧가루를 뿌려 완성합니다.

TIP 양념을 끓여 사용하면 양념 재료 맛이 더 잘 섞여 좋아요.

약한 불로 살짝 볶으세요
오징어실채볶음

048

INGREDIENTS

오징어 실채 … 2줌(100g)
식용유 … 1큰술
통깨 … 1작은술

양념
간장 … 2작은술
올리고당 … 1+1/2큰술
청주 … 1큰술
고춧가루(고운 것) … 1작은술

① 오징어 실채는 너무 길면 가위로 적당히 자른 뒤 식용유 1큰술을 넣어 고루 버무립니다.

② 약불에서 오징어 실채가 오그라질 정도로 타지 않게 1차로 볶은 다음 그릇에 옮겨둡니다.
TIP 너무 오래 볶으면 딱딱해집니다.

③ 냄비에 분량의 양념 재료를 넣고 중불에서 끓이다가 바글바글 끓으면 불을 끕니다.

④ ③의 양념에 ②의 볶은 오징어 실채를 넣고 양념이 식기 전에 고루 버무린 다음 통깨를 뿌려 완성합니다.

충무김밥 옆에 나란히
오징어어묵무침

049

INGREDIENTS

오징어 … 1마리
어묵(납작한 것) … 2장
참기름 … 1큰술
통깨 … 1큰술

양념
고추장 … 1/2큰술
멸치 액젓 … 2/3큰술
올리고당 … 1작은술
맛술 … 1/2큰술

다진 파 … 1큰술
다진 마늘 … 1작은술
고춧가루 … 1큰술
설탕 … 1작은술

① 오징어와 어묵은 한 입 크기로 썬 다음 어묵은 끓는 물에 넣었다 바로 빼고, 오징어도 그 물에 30초 이내로 짧게 데쳐냅니다.
TIP 쫄깃한 식감을 원하면 데친 어묵을 기름에 살짝 볶으세요.

② 그릇에 양념 재료를 모두 넣고 섞어둡니다.

③ 데친 오징어와 어묵에 ②의 양념을 넣어 무쳐줍니다.

④ ③에 참기름, 통깨를 뿌리고 다시 버무려 완성합니다.

깻잎과 멸치의 만남
잔멸치깻잎찜

050

INGREDIENTS

깻잎 … 30장(60g)
잔멸치 … 1/3컵(15g)
양파 … 1/4개

양념
멸치 육수 … 1/2컵
간장 … 1큰술
맛술 … 1큰술
참기름 … 1큰술

다진 마늘 … 1작은술
다진 파 … 1큰술
고춧가루 … 1/2큰술
통깨 … 1작은술

① 깻잎은 깨끗이 씻어 꼭지를 다듬고, 양파는 채 썰고, 양념은 분량의 재료를 섞어 미리 만들어둡니다.

② 바닥이 도톰한 팬에 깻잎과 멸치, 양파를 번갈아가며 켜켜이 올립니다.

③ 양념을 끼얹으며 ②의 과정(깻잎→멸치→양파→양념 순)을 여러 차례 반복합니다.

④ 뚜껑을 닫은 채 중약불에서 가열하다가 김이 오르기 시작하면 약불로 줄여 5분 이내로 쪄서 완성합니다.

딱딱해지지 않는 비법 공개
쥐포채무침

051

INGREDIENTS

쥐포채 … 2줌(100g)
참기름 … 약간
통깨 … 1/2큰술

양념
고추장 … 1+1/2큰술
간장 … 1작은술
청주 … 1큰술
올리고당 … 1큰술
다진 마늘 … 1/2작은술

① 쥐포채는 체에 밭친 상태로 팔팔 끓는 뜨거운 물을 끼얹어 가볍게 불립니다.

② 양념 재료를 팬에 한꺼번에 넣고 끓입니다.

③ 양념이 바글바글 끓기 시작하면 불린 쥐포채를 넣어 뒤적이다가 불을 끕니다.

④ 양념이 고루 묻으면 참기름과 통깨를 넣어 마무리합니다.

말랑한 쥐포채무침 만들기

쥐포채를 잘못 만들면 딱딱해서 씹기 힘들어요. 쥐포에 뜨거운 물을 끼얹어 촉촉하게 살짝 불린 뒤 양념에 무치면 훨씬 부드럽게 만들 수 있습니다. 이렇게 하면 한 번에 좀 넉넉하게 만들어도 굳을 걱정이 없어요.

쪄서 무치면 부드러워요
진미채무침

052

INGREDIENTS

진미채 … 3줌(150g)
마요네즈 … 1큰술
통깨 … 1큰술

양념
고추장 … 2큰술
간장 … 1작은술
올리고당 … 2큰술

청주 … 1큰술
다진 마늘 … 1/2큰술
고춧가루 … 1/2큰술
포도씨유 … 1큰술

① 진미채는 가위로 한두 번 잘라 김 오른 찜기에 넣고 1분 정도 찝니다.

② 찐 진미채를 뜨거울 때 마요네즈에 버무립니다.

③ 분량의 양념 재료를 팬에 넣고 바글바글 끓기 시작하면 불을 끄고 한 김 식힙니다.

④ ②의 진미채를 끓인 양념에 넣고 버무린 다음 마지막으로 통깨를 뿌립니다.

쌈 싸먹기 좋은 반찬
참치고추장볶음

053

INGREDIENTS

참치 통조림 … 1개(150g)
양파 … 1/4개
당근 … 약간
쪽파 … 2줄기
통깨 … 약간
소금 … 약간
식용유 … 적당량

양념
고추장 … 1큰술
고춧가루 … 1/2큰술
후춧가루 … 약간
올리고당 … 1큰술

① 참치 통조림은 체에 받쳐 기름기를 빼고 양파, 당근, 쪽파 등의 자투리 채소는 잘게 다집니다.
TIP 촉촉하게 만들려면 통조림 국물을 너무 꽉 짜지 마세요.

② 달군 팬에 기름을 두르고 다진 채소와 소금 2꼬집을 넣어 밑간을 하면서 양파가 투명해질 정도로 볶습니다.

③ 채소가 숨이 죽으면 기름기를 빼둔 참치와 고추장, 고춧가루, 후춧가루를 넣고 섞습니다.

④ 참치와 채소가 고루 볶아지면 마지막으로 올리고당을 넣고 한 번 더 뒤적인 뒤 통깨를 뿌려 완성합니다.

깊은 양념 맛과 촉촉함에 반하는
황태채무침

INGREDIENTS

황태채 … 100g	**양념**	청주 … 1큰술
통깨 … 1큰술	고추장 … 3큰술	다진 마늘 … 1큰술
	간장 … 1큰술	고춧가루 … 1큰술
	매실액 … 1큰술	포도씨유 … 1큰술
	올리고당 … 3큰술	

① 적당히 한 입 크기로 손질한 황태채는 물에 재빨리 담갔다 물기를 꼭 짭니다. 그릇에 황태채를 넣고 랩을 씌운 뒤 전자레인지에서 1분 정도 가열합니다.

② 분량의 양념 재료를 섞어 양념을 만든 다음 팬에 넣고 중앙에 큰 기포가 생길 때까지 끓입니다.

③ 불을 끄고 한 김 식힌 후 ①의 황태채를 넣어줍니다.

④ 양념이 고루 묻도록 황태채를 버무린 뒤 통깨를 뿌려 완성합니다.

황태채무침 맛있게 하는 법

마른 멸치나 오징어채와 달리 황태채는 자체 간이 심심한 편이라 다른 건어물 반찬보다는 양념을 진하게 하는 편입니다. 이때 황태채가 바짝 마른 상태면 촉촉하게 불려서 무쳐야 양념이 깊게 스미면서 맛있는 상태가 됩니다.

쓰임새가 다양한
간장고추장아찌

055

INGREDIENTS

풋고추 ⋯ 25개 이내(300g)

장아찌물
간장 ⋯ 1컵
국간장 ⋯ 1큰술
식초 ⋯ 1컵
매실액 ⋯ 1/2컵
설탕 ⋯ 1/2컵

① 고추는 깨끗이 씻어 밑부분에 칼집을 내어줍니다.
TIP 고추 속에 장아찌물이 배게 하는 과정인데, 포크로 찍어 가볍게 구멍을 내도 좋아요.

② 냄비에 장아찌물 재료를 넣고 가열하다가 끓기 시작하면 불을 끄고 한 김 식힙니다.

③ 용기에 고추를 차곡차곡 담은 뒤 ②의 장아찌물을 붓고, 실온에서 1~2일 정도 고추 색이 노르스름해질 때까지 숙성시킵니다.
TIP 장아찌물 위로 고추가 뜨지 않도록 깨끗한 그릇으로 눌러주세요.

④ 1~2일 후 장아찌물만 따라 내서 다시 끓입니다. 이번에는 장아찌물을 완전히 식힌 다음 고추에 부어 냉장 보관합니다.

고추장아찌 활용법

부침개용 간장에 썰어 넣어도 느끼함을 잡아줘서 좋고, 잘게 다져 김밥 속재료로 넣으면 칼칼해서 맛있어요.

쫀득하고 윤기 나는
감자조림

056

INGREDIENTS

감자 … 1개
다진 쪽파 … 약간
통깨 … 1작은술

양념
물 … 2/3컵
국간장 … 2작은술
올리고당 … 2큰술
들기름 … 1큰술
고춧가루 … 1작은술
포도씨유 … 1큰술

① 감자는 껍질을 벗겨 반으로 자른 뒤 1cm 두께로 도톰하게 반달썰기를 합니다.

② 바닥이 도톰한 냄비에 감자와 양념 재료를 한꺼번에 넣습니다.
TIP 물은 감자가 충분히 잠길 정도로 조절해주세요.

③ 강불에서 시작해 끓기 시작하면 뚜껑을 열고 중약불로 뭉근히 졸이기 시작합니다.
TIP 불을 줄이지 않으면 수분이 금방 날아가 감자가 겉만 타고 설익을 수 있어요.

④ 양념이 2~3순가락 정도 자작하게 남으면 불을 끄고 다진 쪽파와 통깨를 뿌려 완성합니다.

육수가 안 들어가도 깊은 맛
고구마줄기멸치조림

INGREDIENTS

고구마 줄기 … 250g
굵은 멸치(손질한 것) … 25g
청양고추 … 1개
마늘 … 3알
들기름 … 1큰술

양념
된장 … 2큰술
고춧가루 … 1큰술
물 … 1컵
국간장 … 약간

① 껍질을 벗긴 고구마 줄기는 끓는 물에 3분 정도 삶아 찬물에 헹궈줍니다.

② 삶은 고구마 줄기는 체에 밭쳐 물기를 뺍니다. 멸치는 큼직하게 부수고, 청양고추는 둥근 모양을 살려 얇게 썰고, 마늘은 굵게 으깹니다.

TIP 멸치는 다듬어 전자레인지에 1분 정도 돌린 다음 식히면 비린 맛도 없어지고 쉽게 부서져요.

③ 냄비에 들기름을 두른 뒤 고구마 줄기와 멸치, 고추, 마늘, 된장, 고춧가루를 넣고 볶다가 물 1컵을 부어줍니다.

④ 국물이 끓기 시작하면 뚜껑을 닫고 약불에서 국물이 반으로 줄어들 때까지 조립니다. 모자라는 간은 국간장으로 조절합니다.

밥을 부르는 밑반찬
고추장아찌무침

058

INGREDIENTS

간장고추장아찌 … 5개 → 55번 요리 참조
통깨 … 약간

양념
올리고당 … 1+1/2큰술
다진 마늘 … 1작은술
고춧가루 … 1큰술

① 삭힌 간장고추장아찌는 꼭지를 떼어 내고 먹기 좋은 크기로 잘라줍니다.

② 볼에 올리고당, 다진 마늘, 고춧가루를 넣고 고루 섞습니다.

③ 자른 간장고추장아찌를 ②의 볼에 넣고 버무립니다.

④ 마지막으로 통깨를 뿌려 완성합니다.

푹 익은 무김치를 맛있게 먹는 방법
김장무김치무침

059

INGREDIENTS

김장 조각 무 … 2개(300~400g)
참기름 … 1큰술
통깨 … 약간

양념
식초 … 1작은술
다진 파 … 1큰술
다진 마늘 … 1작은술
고춧가루 … 1/2큰술
설탕 … 1/2작은술

① 큼직한 조각 무를 준비합니다.

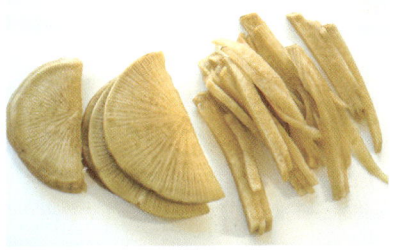

② 겉의 양념을 물로 헹궈 낸 다음 가늘게 채 썹니다.

③ 채 썬 무에 양념 재료를 모두 넣고 무칩니다.

④ 무에 고춧가루 색이 곱게 배면 참기름과 통깨를 넣고 마무리합니다.

요리 수업 인기 반찬
단호박호두조림

INGREDIENTS

미니 단호박 … 1/2개
호두 … 1줌(50g)
통깨 … 약간
식용유 … 적당량

양념
간장 … 2작은술
국간장 … 1작은술
조청 … 2큰술

① 호두는 끓는 물에 한 번 데치고, 단호박은 한 입 크기로 자릅니다. 180도로 예열한 오븐에서 단호박을 10~12분간 익히고, 호두도 오븐에서 같은 온도로 5분 정도 구워줍니다.
TIP 단호박은 깨끗이 씻어 껍질째 구우면 색감이 훨씬 고와요.

② 달군 팬에 기름을 두르고 오븐에 구운 단호박과 호두를 겉면에 기름 코팅을 하듯 가볍게 볶은 다음 다른 그릇에 잠시 옮겨둡니다.

③ 팬에 양념 재료를 모두 넣고 끓이다가 바글거리며 끓기 시작하면 불을 줄인 다음 ②의 단호박과 호두를 넣어줍니다.

④ 단호박과 호두에 양념이 골고루 버무려지도록 섞은 다음 통깨를 가볍게 뿌려주세요.

어릴 때 먹었던 엄마 반찬
된장깻잎장아찌

061

INGREDIENTS

깻잎 … 50장(100g)

소금물
물 … 2컵
소금 … 1큰술

양념
된장 … 2큰술
국간장 … 1작은술
물 … 1/2컵
올리고당 … 3큰술

① 깻잎은 깨끗이 씻어 물기를 빼고 소금물에 30분 정도 절여줍니다.
TIP 깻잎이 뜨지 않도록 무거운 종지를 올려두면 좋아요.

② 분량의 양념 재료를 믹서에 넣고 갈아 된장 입자를 곱게 만든 다음 살짝 끓여서 식힙니다.

③ ①의 깻잎을 헹군 뒤 물기를 빼고 ②의 양념을 켜켜이 바릅니다.

④ 양념과 깻잎 사이사이에 공간이 뜨지 않도록 꾹 눌러 완성합니다.
TIP 생콩잎을 같은 방법으로 만들어도 좋아요.

매콤한 밥도둑
두부조림

062

INGREDIENTS

두부 … 1모(300g)
쪽파 … 1줄기
들기름 … 적당량
식용유 … 적당량

양념
멸치 육수 … 1/2컵
간장 … 1큰술
국간장 … 1작은술
올리고당 … 1+1/2큰술

다진 마늘 … 1작은술
고춧가루 … 2작은술
통깨 … 1큰술

① 두부는 1cm 두께로 도톰하게 썰고, 겉면의 수분은 키친타월로 제거합니다.

② 고명용 쪽파는 1cm 길이로 썰고, 양념은 미리 재료를 섞어둡니다.

③ 오목한 팬에 들기름과 식용유를 두르고, 두부의 양쪽 면이 노릇해지게 굽다가 ②의 양념을 넣어줍니다.
TIP 불을 잠시 끈 상태에서 양념을 부어야 사방팔방 튀지 않아요.

④ 양념을 두부 위로 끼얹어가며 조리다가 국물이 2~3숟가락 남았을 때 불을 끄고 썰어둔 쪽파를 올려 완성합니다.

오독오독 씹히는 별미 반찬
매실장아찌무침

063

INGREDIENTS

매실장아찌 … 1컵(150g)
참기름 … 1/2큰술
통깨 … 약간

양념
고추장 … 1큰술
고춧가루 … 1작은술

① 매실장아찌는 물기를 빼서 준비합니다.

② 볼에 고추장과 고춧가루를 넣고 섞습니다.
TIP 고춧가루를 넣으면 수분을 잡아줘요.

③ 꼬들꼬들한 매실장아찌를 ②의 양념에 버무려줍니다.

④ 참기름과 통깨로 고소한 맛을 더합니다.

아이 반찬, 도시락 반찬으로 딱 좋은
메추리알새송이조림

INGREDIENTS

메추리알(삶은 것) … 30개(300g)
꼬마새송이버섯 … 1+1/2줌(150g)
청양고추 … 1개
마늘 … 5알

양념
간장 … 1/4컵
국간장 … 1큰술
물 … 1+1/2컵
설탕 … 1큰술

① 꼬마새송이버섯은 큰 것은 반으로 자르고, 청양고추는 큼직하게 썹니다. 마늘은 꼭지 부분을 제거합니다.

② 냄비에 메추리알과 꼬마새송이버섯, 청양고추, 양념 재료를 모두 넣고 끓입니다.

③ 양념이 2/3로 줄면 마늘을 통째로 넣습니다.
TIP 마늘은 처음부터 넣으면 물컹해져요.

④ 양념 국물이 반으로 줄어들 때까지 졸여 완성합니다.

달콤하고 부드러운 무조림의 매력
무마른새우조림

065

INGREDIENTS

무 … 1/3개(500g)
마른 새우 … 1컵(20g)
다시마(사방 5cm) … 3장
물 … 1+1/2컵
참기름 … 1큰술
통깨 … 약간

양념
간장 … 1큰술
올리고당 … 1큰술
생강즙 … 1작은술
다진 파 … 1큰술
다진 마늘 … 1작은술

고춧가루 … 1작은술
소금 … 1/3작은술

① 무는 1cm 두께로 도톰하게 반달썰기를 합니다.

② 냄비에 무, 마른 새우, 다시마를 넣고 무가 충분히 잠길 정도의 물을 붓습니다. 중강불로 가열하다가 끓기 시작하면 약불로 줄여 뭉근히 조립니다.

③ 양념 재료를 한데 넣고 섞어두었다가 젓가락이 무에 들어갈 정도로 익으면 양념을 냄비에 넣습니다.
TIP 양념을 처음부터 넣기보다 무가 익은 다음에 넣어야 간이 부드럽게 잘 배어들어요.

④ 국물이 1/3 정도 남으면 불을 끄고 참기름과 통깨를 넣어 고소한 맛을 더합니다.

하루 뒀다 먹으면 더 맛있는
무말랭이무침

066

INGREDIENTS

무말랭이 … 1줌(60g)
쪽파 … 3줄기
참기름 … 약간
통깨 … 약간

찹쌀풀
물 … 1/2컵
찹쌀가루 … 1큰술

양념
국간장 … 1큰술
멸치 액젓 … 1큰술
올리고당 … 2큰술
생강즙 … 1/2작은술
다진 마늘 … 1작은술
고춧가루 … 2+1/2큰술

① 무말랭이는 찬물에 재빨리 헹군 뒤 뜨거운 물을 부어 한두 번 저어주고 체에 밭쳐 물기를 뺍니다. 무말랭이가 불러지도록 15분 정도 그대로 놔둡니다.
TIP 물에 담근 채 불리면 단맛이 빠져나가요.

② 고춧가루가 붇도록 찹쌀풀에 미리 양념 재료를 넣어 섞어둡니다. 쪽파는 4~5cm 길이로 잘라줍니다.
TIP 찹쌀풀은 찬물에 찹쌀가루를 넣고 끓을 때까지 저어 만든 다음 완전히 식혀 사용해요.

③ 볼에 ①의 물기를 뺀 무말랭이, ②의 양념과 쪽파를 넣습니다.

④ 무말랭이에 양념이 고루 배면 참기름과 통깨를 뿌려 완성합니다.

찹쌀풀 냄비에 만들기

찬물 1/2컵에 찹쌀가루 1큰술을 넣어 기포가 생길 때까지 저어가며 끓이면 찹쌀풀이 완성됩니다.

요즘 인기 좋은 병아리콩 활용 요리
병아리콩조림

067

INGREDIENTS

병아리콩 … 1컵
통들깨(볶은 것) … 2큰술
물 … 1컵

양념
간장 … 1큰술
국간장 … 1큰술
설탕 … 1큰술
올리고당 … 2큰술

① 병아리콩은 한 번 물에 헹군 뒤 반나절 불립니다.
TIP 불리는 물은 콩 분량의 3~4배 이상 넣어야 합니다.

② 불린 콩에 물 1컵과 간장, 국간장, 설탕을 넣고 물이 1/3로 줄어들 때까지 콩을 익히며 졸입니다.

③ 올리고당을 넣고 윤기 나게 1~2분 더 졸여줍니다.

④ 볶은 통들깨를 넣고 섞어서 완성합니다.

국간장으로 맛을 내 더 깔끔한
새송이버섯조림

068

INGREDIENTS

새송이버섯 … 3개(100g)
풋고추 … 1/2개
잣 … 약간
들기름 … 적당량

양념
국간장 … 1큰술
매실액 … 1큰술
조청 … 1큰술

① 새송이버섯은 길게 반으로 나누고 다시 4등분으로 길게 썹니다. 풋고추는 씨를 털어 내고 잣과 같이 잘게 다져 준비합니다.

② 국간장, 매실액, 조청을 섞어 양념을 만들고, 썰어둔 버섯에 양념을 반 넣어 밑간을 합니다.

③ 달군 팬에 들기름을 두르고 버섯을 숨이 살짝 죽을 정도로 볶다가 남은 양념을 모두 붓습니다.

④ 양념이 졸면 불을 끄고 다져둔 고추와 잣을 고명으로 올려 완성합니다.

TIP 잣 대신 통깨를 올려도 괜찮아요.

죽이나 누룽지 먹을 때 생각나는
소고기장조림

069

INGREDIENTS

소고기(홍두깨살) … 300g

소고기 육수
물 … 2컵
생강(편) … 3쪽
대파(잎 부분) … 3~4장
청주 … 1큰술
통후추 … 1/2작은술

양념
소고기 육수 … 1+1/2컵
간장 … 2큰술
국간장 … 2작은술
설탕 … 1/2큰술
올리고당 … 1~2큰술

① 홍두깨살은 한 번 데쳐 꺼낸 후 분량의 육수 재료와 함께 넣고 끓입니다. 끓기 시작하면 약불로 줄여 뚜껑을 닫고 30~40분 삶아줍니다.
TIP 강불에 계속 삶으면 고기가 수축되고 수분이 금방 증발해요.

② 삶은 고기는 완전히 식혀 결대로 찢고, 육수는 면보나 가는 체에 발쳐 국물만 받아둡니다.

③ 올리고당을 제외한 양념 재료와 ②의 고기, 육수를 함께 넣고 끓입니다.

④ 국물이 반으로 졸아들면 올리고당을 넣고 한소끔 끓여 완성합니다.

소고기 핏물 빼는 법

먹기 좋게 토막 낸 고기를 찬물에 담가 한 번 핏물을 뺀 다음 냄비에 잠길 만큼 물과 함께 끓여 겉면만 살짝 익힌 후 찬물에 씻어 사용합니다.

껍질째 만들어 편한
알감자조림

070

INGREDIENTS

알감자 … 1봉(400g)
물 … 1+1/2컵
다진 쪽파 … 1큰술
통깨 … 약간

양념
간장 … 1+1/2큰술
국간장 … 1작은술
올리고당 … 3큰술
들기름 … 1큰술
식용유 … 1큰술

① 알감자는 홈에 있는 흙까지 꼼꼼히 제거하며 껍질째 씻습니다.

② 냄비에 알감자를 넣고 감자가 완전히 잠길 만큼의 물과 양념 재료를 모두 넣어줍니다.

③ 뚜껑을 열고 중강불로 가열하다가 끓기 시작하면 중약불로 줄여 뭉근히 조립니다.

④ 국물이 1/4 정도로 졸아들고 윤기가 나기 시작하면 불을 끈 다음 다진 쪽파와 통깨를 뿌려 마무리합니다.

차갑게 먹어야 더 맛있는
양배추깻잎피클

071

INGREDIENTS

양배추 … 1/4개(300g)
깻잎 … 40장(80g)
마늘 … 3알
생강(편) … 3쪽

피클물
물 … 1컵
식초 … 1/2컵
설탕 … 1/2컵
소금 … 1큰술

① 양배추의 두꺼운 심 부분은 도려내고 깻잎과 비슷한 크기로 숭덩숭덩 자릅니다.

② 깻잎과 양배추는 찬물에 담가 헹군 뒤 물기를 완전히 제거합니다.

③ 냄비에 피클물 재료를 넣고 설탕과 소금이 녹을 정도로 끓입니다. 마늘과 생강은 가늘게 채 썰어줍니다.

④ 양배추와 깻잎, 채 썬 마늘과 생강을 켜켜이 올리고 ③의 피클물을 붓습니다. 내용물이 피클물 위에 뜨지 않도록 그릇으로 꾹 눌러 하루 정도 실온 숙성 시킨 뒤 냉장 보관 합니다.

뭉근히 조려 짜지 않은
연근조림

INGREDIENTS

연근 … 2/3개(300g)

양념
물 … 2컵
간장 … 2큰술
국간장 … 1작은술
식용유 … 1큰술
올리고당 … 2큰술

① 연근은 0.5cm 두께로 썰고, 냄비에 연근이 잠길 정도의 물과 함께 연근을 넣고 중강불로 2/3 정도 익혀 건져 냅니다.

② 냄비에 올리고당을 제외한 양념 재료와 익힌 연근을 넣고, 중강불에서 가열하다 끓기 시작하면 약불로 줄여 뚜껑을 닫고 20분간 뭉근히 익힙니다.
TIP 뭉근하게 조릴 때에는 바닥이 두꺼운 스테인리스 냄비를 쓰면 수분이 금방 날아가지 않아요.

③ 국물이 1/2컵 정도 자작하게 남았을 때 올리고당 2큰술을 넣어줍니다.

④ 올리고당을 넣고 약불로 1~2분 더 졸여 완성합니다.

아삭거림이 좋은
연근피클

073

INGREDIENTS

연근 … 1/2개(200g)

피클물
물 … 1컵
식초 … 1/2컵
설탕 … 1/2컵
소금 … 1/2큰술

① 연근은 껍질을 벗겨 0.5cm 두께로 동그란 모양을 살려 썬 다음 물에 한 번 헹구어줍니다.

② 끓는 물에 연근을 넣고 1분 30초 이내로 데쳐 덜어둡니다.

TIP 너무 푹 삶으면 피클의 아삭함이 덜해요.

③ 냄비에 피클물 재료를 넣고 한소끔 끓어 설탕과 소금이 완전히 녹으면 불을 끕니다.

④ ③의 피클물에 데친 연근을 넣고 식으면 냉장 보관 합니다. 하루 정도 지나면 더 맛있습니다.

예쁜 피클 만들기

근사하게 손님상에 올리기 위해 만든다면 연근 피클 한두 조각을 꺼내 치자나 오미자 물을 들여 같이 담아보세요.

오독한 식감이 좋은
오이지무침

074

INGREDIENTS

오이지 … 6개
참기름 … 1큰술
통깨 … 1/2큰술

양념
고추장 … 1작은술
국간장 … 1작은술
매실액 … 1큰술
다진 파 … 1큰술
다진 마늘 … 1작은술
고춧가루 … 1큰술

① 오이지는 0.3cm 두께로 동그란 모양을 살려 썬 다음 찬물에 담가 따로 간하지 않아도 될 만큼의 염도가 남아 있을 정도까지 소금기를 뺍니다.
TIP 소금기를 너무 많이 빼면 싱거워져서 맛이 없습니다.

② 면보를 이용해 오이지의 물기를 최대한 짭니다.

③ 오이지에 분량의 양념 재료를 넣고 무칩니다.

④ 오이에 빨간 고춧가루 양념이 고르게 배면 참기름과 통깨를 넣어 완성합니다.

때로는 홈메이드로
오이피클

INGREDIENTS

오이 … 2개
양파 … 1/2개
홍고추 … 1개

피클물
물 … 1컵
설탕 … 1/2컵
식초 … 1/2컵
소금 … 1/2큰술
피클링 스파이스 … 1/2큰술

① 오이는 0.7cm 두께로 동그란 모양을 살려 자릅니다.
TIP 단면에 모양을 내고 싶다면 묵칼을 이용해보세요.

② 홍고추는 반으로 갈라 씨를 털어 내고 양파와 같이 한 입 크기로 썰어줍니다.

③ 냄비에 피클물 재료를 한꺼번에 넣고 설탕이 녹으면서 끓어오르면 불을 끕니다.

④ 깨끗한 유리병에 오이, 양파, 홍고추를 넣고 피클물이 뜨거울 때 붓습니다. 실온에서 하루 정도 숙성시킨 뒤 냉장 보관 합니다.

반찬으로도 좋고 김밥 재료로도 맛있는
우엉조림

076

INGREDIENTS

우엉 … 2뿌리(400g)
들기름 … 1큰술
식용유 … 적당량
통깨 … 약간

양념
간장 … 2큰술
국간장 … 1작은술
생강즙 … 1/2작은술
물 … 3큰술
설탕 … 1큰술
올리고당 … 2+1/2큰술

① 우엉은 필러를 이용해 껍질을 벗기고 가늘게 채 썬 다음 찬물에 담갔다 체에 밭쳐 물기를 뺍니다.

② 달군 팬에 들기름과 식용유를 넣고 우엉 채를 숨이 죽도록 가볍게 볶습니다.

③ 팬에 올리고당을 제외한 양념 재료를 모두 넣고 우엉에 양념이 배도록 골고루 섞은 다음 아주 약한 불로 줄여 뚜껑을 닫은 채로 10여 분간 조립니다.

④ 양념이 우엉에 배어들면 뚜껑을 열고 강불에서 수분을 날린 뒤 올리고당과 통깨를 넣고 뒤섞어 완성합니다.

우엉조림 활용법

우엉조림은 김밥에 넣어도 맛있고 잘게 썰어 볶음밥이나 유부초밥에 넣어도 좋아요.

다시마 조각이 들어가 더 맛있는
콩자반

077

INGREDIENTS

검은콩 … 1컵(100g)
다시마(사방 5cm) … 2장
물 … 1+1/2컵
통깨 … 약간

양념
간장 … 3큰술
국간장 … 1작은술
청주 … 1큰술
설탕 … 1/2큰술
올리고당 … 3큰술

① 검은콩은 서너 번 헹군 후 물 2컵을 넣고 3~4시간 불립니다. 다시마는 젖은 행주로 닦아 가로로 잘게 자릅니다.
TIP 콩이 불면서 물이 확 줄기 때문에 물을 넉넉하게 부어주세요.

② 냄비에 불린 콩과 다시마, 물 1+1/2컵을 넣고 중강불로 가열하다가 끓기 시작하면 약불로 줄여 뚜껑을 닫고 콩이 푹 무를 때까지 뭉근하게 삶습니다.

③ 물이 반 정도 남았을 때 올리고당을 제외한 양념 재료를 넣고 국물이 3~4큰술 남을 때까지 졸입니다.

④ 어느 정도 졸여지면 마지막으로 올리고당을 넣고, 불을 끈 채로 통깨를 뿌려 완성합니다.

무 도 맛있고 국물도 맛있는
갈치무조림

078

INGREDIENTS

갈치(손질한 것) … 4~5토막
무(두께 3cm) … 1토막(200g)
대파 … 1/2개
양파 … 1/2개
청양고추 … 1개
멸치 육수 … 2+1/2컵
소금(밑간용) … 1/2작은술

양념
고추장 … 1큰술
간장 … 1큰술
국간장 … 1큰술
맛술 … 2큰술
생강즙 … 1작은술
다진 마늘 … 1큰술

고춧가루 … 1큰술
후춧가루 … 약간
설탕 … 1작은술

① 손질한 갈치는 비늘을 가볍게 긁어 내고 물에 헹군 뒤 소금을 살짝 뿌려 10분 정도 재웁니다.
TIP 소금은 밑간도 되지만 연한 갈치의 살을 단단하게 해줘 조리 시 덜 으깨져요.

② 냄비에 멸치 육수를 붓고 0.5cm 두께로 반달썰기 한 무를 넣어 반 정도 익을 때까지 끓입니다.

③ 청양고추는 어슷하게 썰고, 분량의 재료를 섞어 양념을 만듭니다. ②의 육수가 끓기 시작하면 ①의 갈치와 청양고추를 넣고 양념을 끼얹습니다.

④ 대파는 어슷하게 썰고 양파는 한 입 크기로 썰어서 ③의 냄비에 넣습니다. 육수에 흘러내린 양념을 갈치 위로 끼얹어가면서 국물이 1/3 정도 남을 때까지 조립니다.

숟가락으로 떠먹는 영양 반찬
감자뚝배기

079

INGREDIENTS

감자 … 1개
소고기 … 100g
당근 … 약간
청양고추 … 1개
양파 … 1/4개
마늘 … 3알

물 … 1컵
참기름 … 적당량
올리고당 … 1큰술
통깨 … 약간
후춧가루 … 약간

양념
간장 … 1+1/2큰술
국간장 … 1작은술
맛술 … 1작은술

① 뚝배기에 참기름을 두르고 큼직하게 썰어 핏물을 제거한 소고기를 넣은 뒤 갈색이 나도록 볶습니다.
TIP 소고기는 등심, 채끝, 우둔살 등 연한 부위가 좋아요.

② ①에 물 1컵을 붓고 큼직하게 썬 감자와 당근도 함께 넣습니다.

③ ②의 감자가 반쯤 익으면 큼직하게 썬 청양고추와 양파, 굵게 으깬 마늘을 넣은 다음 양념 재료를 모두 섞어 뚝배기에 부어줍니다.

④ 국물이 반쯤 졸아들면 올리고당으로 윤기를 내고 통깨와 후춧가루를 뿌려 완성합니다.

간장게장 못지않은 밥도둑 메뉴
고등어시래기조림

080

INGREDIENTS

고등어 … 1마리
시래기(삶은 것) … 150g
대파 … 1/2개
청양고추 … 1개
멸치 육수 … 1+1/2컵
들기름 … 1큰술

양념
된장 … 1+1/2큰술
간장 … 2큰술
맛술 … 2큰술
생강즙 … 1/2작은술
다진 파 … 2큰술

다진 마늘 … 1큰술
고춧가루 … 1큰술
후춧가루 … 약간
설탕 … 1작은술

① 삶은 시래기는 껍질을 벗겨 손가락 길이 정도로 길게 썰고, 대파와 청양고추는 어슷하게 썹니다. 분량의 재료를 모두 섞어 양념을 만들어둡니다.

② 시래기는 ①의 양념 1큰술을 넣고 조물조물 무친 뒤 냄비에 들기름을 두르고 30초 정도 살짝 볶다가 멸치 육수를 부어 중약불에서 10여 분간 뚜껑을 닫고 삶아줍니다.

③ 시래기가 부드럽게 삶아지면 적당한 크기로 토막낸 고등어와 남은 양념, 청양고추를 넣어줍니다.
TIP 적은 양이라 시래기를 한쪽으로 밀어 고등어가 자박하게 국물에 잠기게 해서 조려야 간이 잘 뱁니다. 염장 고등어는 쌀뜨물에 담가 염분을 뺀 뒤 조리하면 더 좋습니다.

④ 흘러내린 양념을 고등어 위로 두세 번 끼얹어주며 고등어가 다 익을 때까지 끓인 뒤 대파를 올려 완성합니다.

올타임 인기 술안주
골뱅이무침

081

INGREDIENTS

골뱅이 통조림 … 1개(400g)
오이 … 1/2개
깻잎 … 5장
양파 … 1/2개
대파 … 1개
참기름 … 1큰술
통깨 … 1큰술

양념
고추장 … 2큰술
간장 … 1작은술
식초 … 2큰술
다진 마늘 … 1큰술
고춧가루 … 1큰술
설탕 … 1+1/2큰술

① 골뱅이는 편으로 썰고, 오이는 어슷하게, 깻잎은 한 입 크기로 썰어 준비합니다.

② 양파와 대파는 채 썰어서 찬물에 담가 매운맛을 뺀 다음 물기를 최대한 빼줍니다.

TIP 채소에 물기가 남아 있으면 양념이 묽어져서 맛이 덜해요.

③ 볼에 골뱅이와 채소를 넣고, 분량의 재료를 섞어 미리 만들어둔 양념을 넣습니다.

④ 골뱅이와 채소를 양념에 고루 버무린 다음 참기름과 통깨를 넣고 가볍게 섞어 완성합니다.

압력솥에 하면 더 맛있는
김치등갈비찜

082

INGREDIENTS

돼지 등갈비 … 1kg
김치 … 1/2포기(500g)
김치 씻은 물 … 3컵
대파 … 1/2개
마늘 … 5알

고춧가루 … 1큰술
국간장 … 1큰술
맛술 … 1큰술

등갈비 데치기
물 … 3~4컵
대파 … 1/3개
생강(편) … 3쪽
통후추 … 1/2작은술

① 등갈비가 넉넉하게 잠길 만큼 물을 붓고 대파와 생강, 통후추를 넣고 포르르 끓어오를 때까지 1차로 데쳐 낸 다음 찬물에 헹구어둡니다.
TIP 핏물과 잡내를 빼는 과정으로 겉이 살짝 갈색으로 변할 정도로 데치세요.

② 물 3컵을 볼에 담고 김치를 헹군 뒤 체에 받쳐 맑은 국물을 걸러 냅니다.

③ 압력솥에 소를 털어 낸 김치와 데친 등갈비를 넣고 고춧가루를 뿌립니다.

④ ②의 김치 씻은 물을 등갈비가 자박하게 잠길 만큼 붓고 어슷하게 썬 대파, 굵게 으깬 마늘, 국간장, 맛술을 넣고 가열합니다. 압력솥 추가 흔들리기 시작하면 약불에서 5분 정도 더 끓여 완성합니다.
TIP 국물을 더 졸이고 싶으면 뚜껑을 열고 센불에서 끓여 수분을 날려주세요.

김치 국물로 만들면 더 맛있는
꽁치조림

083

INGREDIENTS

꽁치 통조림 … 1개(400g)
마늘 … 3알
청양고추 … 1개
대파 … 1/4개
통깨 … 약간

양념
김치 국물 … 1/2컵
멸치 육수 … 1/2컵
간장 … 1+1/2큰술
청주 … 1큰술
고춧가루 … 1/2큰술
후춧가루 … 약간

① 꽁치 통조림은 국물을 빼고 건더기만 준비하고, 마늘은 편으로, 청양고추와 대파는 큼직하게 썰어 준비합니다.

② ①의 재료와 양념 재료를 모두 냄비에 넣습니다.
TIP 김치 국물이 들어가면 감칠맛을 내줍니다.

③ 중강불로 가열하다가 끓기 시작하면 뚜껑을 닫고 약불에서 뭉근하게 조립니다.

④ 국물이 3~4큰술 정도 남으면 불을 끄고 통깨를 뿌려 완성합니다.
TIP 국물이 너무 많으면 뚜껑을 열고 수분을 날려가며 조려주세요.

매콤한 낙지에 기운 나는
낙지볶음

084

INGREDIENTS

절단 낙지(냉동) … 300g
양파 … 1/2개
대파 … 1/2개
청양고추 … 1개
참기름 … 약간
통깨 … 약간
식용유 … 적당량
소금 … 약간

양념
고추장 … 1큰술
간장 … 1큰술
올리고당 … 1큰술
맛술 … 1큰술
생강즙 … 1/2작은술
다진 마늘 … 1큰술

고춧가루 … 2큰술
후춧가루 … 약간
설탕 … 1작은술

① 양파는 굵게 채 썰고, 대파와 청양고추는 어슷하게 썹니다. 분량의 재료를 섞어 양념을 만들어둡니다.

② 낙지는 해동시켜 물에 한 번 헹군 뒤 끓는 물에 넣었다 바로 뺀 다음 물기를 빼줍니다.
TIP 미리 데쳐서 익히면 잡내도 빠지고 볶았을 때 물이 덜 생겨요.

③ 팬을 달궈 기름을 두르고 양파, 대파, 고추, 소금 한두 꼬집을 넣고 숨이 살짝 죽을 때까지 볶은 뒤 낙지를 넣고 기름 코팅을 하듯 섞어가며 볶아줍니다.

④ 만들어둔 양념을 ③에 넣고 전체적으로 양념이 배어 색이 나면 참기름과 통깨를 뿌려 완성합니다.

새우젓이 들어가 더 감칠맛 나는
달걀찜

085

INGREDIENTS

달걀 … 7개
쪽파 … 약간
홍고추 … 약간
멸치 육수 … 2컵
새우젓 … 1큰술
참기름 … 1작은술
소금 … 1작은술

① 달걀에 참기름과 소금을 넣고 달걀물을 만들어줍니다.
TIP 참기름을 넣으면 달걀 비린 맛을 잡아줍니다.

② 바닥이 도톰한 냄비나 뚝배기에 멸치 육수와 새우젓을 넣고 기포가 크게 올라올 정도로 바글바글 끓여줍니다.
TIP 달걀찜은 달걀과 멸치 육수를 동량으로 잡으면 편리해요.

③ 끓고 있는 멸치 육수에 ①의 달걀물을 넣고 30초 정도 저어준 뒤 약불로 줄여 뚜껑을 닫습니다.
TIP 달걀물을 넣고 전체적으로 고루 익을 수 있도록 먼저 저어줘야 겉과 안이 같이 익어요.

④ 10여 분간 익힌 뒤 다진 쪽파와 다진 홍고추를 약간씩 올려 완성합니다.
TIP 계란찜 양에 따라 시간이 달라질 수 있어요.

눈 깜짝할 새 빈 꼬챙이만 남는
닭꼬치

086

INGREDIENTS

닭 다리살 … 300g
식용유 … 적당량

닭고기 밑간
청주 … 2큰술
생강즙 … 1작은술
소금 … 약간
후춧가루 … 약간

양념
간장 … 1/2큰술
굴소스 … 1/2큰술
올리고당 … 1+1/2큰술
맛술 … 2큰술
다진 마늘 … 1작은술

① 닭 다리살은 기름기를 떼어 손질한 뒤 한 입 크기로 썰어 청주, 생강즙, 소금, 후춧가루를 뿌려 10여 분간 재워둡니다.

② 양념 재료를 섞어두고, 밑간해둔 닭고기를 꼬챙이에 너무 촘촘하지 않게 꽂습니다.

③ 팬을 달구어 기름을 두르고 ②의 닭고기 꼬치를 넣어 중약불에서 앞뒤로 노릇하게 구운 다음 양념을 부어줍니다.
TIP 처음부터 양념을 넣으면 고기는 덜 익고 양념은 금방 졸아들어요.

④ 약불로 줄여 꼬치를 돌려가며 양념이 고루 배도록 한 번 더 익혀 완성합니다.

생각보다 만들기 쉬운
닭볶음탕

087

INGREDIENTS

닭고기 … 1마리(800g~1kg)
감자 … 1개
당근 … 1/4개
양파 … 1/2개
대파 … 1개
청양고추 … 1개
마른 고추 … 1개
물 … 2+1/2컵

양념
고추장 … 1큰술
간장 … 2큰술
국간장 … 1큰술
맛술 … 2큰술
참기름 … 1큰술
다진 마늘 … 1큰술

고춧가루 … 1큰술
설탕 … 1큰술
후춧가루 … 약간

① 닭고기는 지방 부분을 가위로 제거한 다음 끓는 물에 30초 정도 잠깐 넣었다 건져서 잡내와 핏물을 1차로 빼줍니다.

② 큼직하게 썬 감자, 당근, 양파, 대파, 청양고추, 마른 고추와 ①의 닭고기를 냄비에 넣고 물을 자박자박할 정도로 붓습니다.
TIP 채소는 처음부터 닭고기랑 같이 조리하기 때문에 되도록 큼직하게 잘라주세요.

③ 분량의 재료를 섞어 만든 양념을 넣어 뚜껑을 닫고 중강불에서 뭉근히 끓입니다.

④ 중간에 한두 번 뒤섞어가면서 국물이 반으로 졸아들고 감자가 완전히 익을 때까지 조려 완성합니다.
TIP 국물을 넉넉히 넣어서 끓이면 자주 뒤적이지 않아도 됩니다.

고급스러운 깊은 맛
더덕구이

088

INGREDIENTS

더덕(손질한 것) … 2줌(200g)
식용유 … 적당량

더덕 밑간
간장 … 2작은술
참기름 … 1큰술
식용유 … 1큰술

양념
고추장 … 2큰술
간장 … 1작은술
올리고당 … 1큰술
참기름 … 1큰술
고춧가루 … 1큰술
물 … 2큰술

① 더덕은 편으로 썰어 방망이로 살살 두드려 편 뒤 분량의 더덕 밑간 재료를 섞어 발라둡니다.

② 달군 팬에 기름을 두르고 밑간한 더덕을 앞뒤로 구워 그릇에 옮겨둡니다.
TIP 더덕은 생으로도 먹으니 살짝만 구워요.

③ 양념 재료를 모두 넣고 팬 가운데 기포가 올라올 때까지 끓인 후 불을 끕니다.

④ 구워둔 더덕을 양념에 버무려 완성합니다.

더덕 두드려 펴기

편으로 썬 더덕은 위생 비닐을 덮고 방망이로 자근자근 가볍게 두드려주면 납작해져 양념이 더 잘 배어듭니다.

온 가족이 맛있게 먹는
돼지갈비찜

089

INGREDIENTS

돼지갈비 … 1kg
무 … 1/5개(300g)
당근 … 1개
표고버섯 … 3개
참기름 … 약간

양념
간장 … 1/2컵
양파즙 … 1/2컵
배즙 … 1컵
생강즙 … 1/2큰술

맛술 … 3큰술
물 … 1컵
다진 마늘 … 1+1/2큰술
설탕 … 2큰술
후춧가루 … 1/2작은술

① 돼지갈비는 찬물에 10여 분 담가 핏물을 뺀 뒤 냄비에 돼지갈비가 충분히 잠길 정도의 찬물을 붓고 가열합니다. 국물이 끓기 시작하면 건져 내 찬물에 씻어줍니다.

TIP 미리 애벌로 삶아 내면 기름기와 잡내가 덜해요.

② 무와 당근은 한 입 크기로 큼직하게 썰고, 버섯은 기둥을 잘라 준비합니다. 분량의 재료를 섞어 양념도 만들어둡니다.

TIP 무와 당근은 삶을 때 모서리 부분이 뭉그러지지 않도록 끝을 날려주고 잘라 낸 자투리 부분은 양파즙을 낼 때 같이 넣어 사용하면 좋아요. 양파즙과 배즙은 양파와 배를 갈아 면보에 짜거나 착즙기에 내려 국물만 사용합니다.

③ 냄비에 ①의 데쳐 낸 갈비와 ②의 양념과 채소를 넣고 강불로 가열하다가 끓기 시작하면 중약불로 줄여 뚜껑을 닫고 끓여줍니다.

TIP 채소는 처음부터 넣지 말고 돼지갈비를 10여 분 정도 조리한 다음에 넣어야 많이 무르지 않아요.

④ 중약불에서 30분 이내로 뭉근히 조린 뒤 국물이 1/2로 줄어들면 불을 끄고 참기름을 넣어 완성합니다.

TIP 낮은 불에서 익혀야 고기가 덜 질겨요. 고기와 채소가 부드럽게 익고 나서도 국물이 많으면 마지막에 뚜껑을 열고 강불에서 수분을 날리거나 국물만 덜어 따로 졸여서 부어도 좋아요.

야들야들 담백한
돼지고기간장불고기

090

INGREDIENTS

돼지고기(앞다리살) … 300g
양파 … 1/2개
대파 … 1/2개
참기름 … 1큰술
통깨 … 약간
식용유 … 적당량

양념
간장 … 2+1/2큰술
맛술 … 2큰술
생강즙 … 1/2작은술
다진 파 … 1큰술
다진 마늘 … 1큰술
설탕 … 1큰술
후춧가루 … 조금

① 분량의 양념 재료를 섞어 양념을 만들고, 돼지고기 앞다리살을 양념에 재워 30여 분간 숙성시킵니다.
TIP 돼지고기 앞다리살은 살점이 많은 뒷다리살에 비해 지방이 적절히 섞여 있어 볶아냈을 때 더 부드럽습니다.

② 양파와 대파를 채 썰어 기름 두른 팬에 살짝 볶아줍니다.

③ ②의 양파와 대파를 팬의 한쪽으로 밀어놓고 ①의 양념한 고기를 넣어 볶아줍니다.
TIP 채소와 고기를 처음부터 같이 볶으면 채소가 쉽게 뭉개집니다.

④ 고기가 연갈색이 나면 한쪽에 밀어놓았던 채소와 섞어 볶고 참기름과 통깨를 뿌려 마무리합니다.

손두부 산 날이면 자연스럽게
두부김치

INGREDIENTS

김치 … 1/4포기(250g)	김치 국물 … 2큰술
두부 … 1/2모(150g)	참기름 … 1큰술
고춧가루 … 1/2큰술	통깨 … 약간
설탕 … 1작은술	식용유 … 적당량

① 김치는 소를 털어내고 한 입 크기로 썰어줍니다.

② 두부는 한 입 크기로 썰어 준비합니다.
TIP 두부는 먹기 직전 뜨거운 물에 살짝 데쳐 내어도 좋아요.

③ 팬에 기름을 두르고 김치, 고춧가루, 설탕, 김치 국물을 넣고 볶습니다.
TIP 볶은 김치가 빨개야 더 먹음직스럽지만 김치 양념이 많으면 고춧가루는 빼도 OK!

④ 김치가 볶아지면 참기름과 통깨를 뿌리고 두부를 곁들여 냅니다.

소고기와 데리야키 소스의 달콤한 조화
떡갈비

092

INGREDIENTS

소고기(불고기용) … 300g
다진 견과류 … 2큰술
양파 … 2/3개
대파 … 1/2개

불고기 양념
간장 … 2큰술
배즙 … 1큰술
참기름 … 1/2큰술
다진 마늘 … 1작은술
설탕 … 1작은술
녹말가루 … 1작은술
후춧가루 … 약간

데리야키 소스
간장 … 2작은술
맛술 … 2작은술
설탕 … 1작은술

① 견과류는 잘게 다집니다. 양파는 잘게 다져 달군 팬에 소량의 기름을 두르고 겉면이 약간 갈색이 날 정도로 볶아 준비합니다. 대파는 얇게 채 썹니다.
TIP 대파는 얇게 채 썰어 찬물에 헹군 뒤 물기를 빼면 아린 맛이 줄어듭니다.

② 불고기용의 얇은 소고기는 핏물을 뺀 다음 ①의 볶은 양파와 견과류, 분량의 재료를 섞어 만든 불고기 양념을 넣고 여러 번 치대어 점성을 높이고 양념이 배도록 30분 정도 숙성시킵니다.

③ 양념한 고기를 한 입 크기로 소분해 넓적하게 모양을 잡습니다. 데리야키 소스도 분량의 재료를 섞어 만들어둡니다.

④ 달군 팬에 기름을 두르고 ③의 떡갈비를 앞뒤로 구운 뒤 데리야키 소스를 뿌려 윤기를 더합니다. 다 익으면 파채를 곁들여 냅니다.
TIP 파채에 소금, 참기름, 통깨를 약간 넣고 무치면 고기 요리에 잘 어울립니다.

고춧가루를 넣어 더 빨갛게 만드는
매운제육볶음

CLASSIC HOME COOK RECIPES

093

INGREDIENTS

돼지고기(앞다리살) … 300g
양파 … 1/2개
대파 … 1/2개
마늘 … 5알
참기름 … 1큰술
통깨 … 약간
소금 … 약간
식용유 … 적당량

돼지고기 밑간
간장 … 1+1/2큰술
청주 … 1큰술
생강즙 … 1/2작은술
후춧가루 … 약간

양념
고춧가루 … 1큰술
고추장 … 1큰술
올리고당 … 1+1/2큰술

① 돼지고기는 밑간 재료를 넣고 고기가 부드러워지도록 여러 번 치대어 10분 정도 재워둡니다.

② 달군 팬에 기름을 넉넉히 두르고 굵게 채 썬 양파와 대파, 굵게 으깬 마늘을 중강불에 볶다가 고춧가루를 넣어 고추기름을 냅니다.

③ 채소를 팬의 한쪽으로 밀어놓고 밑간한 돼지고기를 넣어 겉이 갈색으로 변할 때까지 볶습니다.

④ ③의 팬에 고추장을 넣고 한 번 더 볶다가 올리고당을 넣어 고루 섞고 참기름과 통깨를 넣어 마무리합니다. 모자라는 간은 소금으로 맞춥니다.

담백하면서도 영양 가득한
버섯불고기전골

094

INGREDIENTS

소고기(불고기용) … 150g
느타리버섯 … 1팩
팽이버섯 … 1봉
새송이버섯 … 2개
표고버섯 … 3개
쌈배추 … 1/4개
미니 단호박 … 1개
대파 … 1/2개
멸치 육수 … 3~4컵

소고기 밑간
간장 … 1작은술
맛술 … 1작은술
소금 … 약간

양념
고추장 … 1큰술
멸치 액젓 … 1큰술
다진 마늘 … 1큰술
다진 청양고추 … 1큰술
고춧가루 … 1큰술
후춧가루 … 약간
소금 … 1작은술

① 소고기는 간장, 맛술, 소금으로 밑간 합니다. 단호박은 깨끗이 씻어 1cm 두께로 도톰하게 썰고, 쌈배추는 한 입 크기로 썰어줍니다.
TIP 단호박은 껍질을 완전히 벗기지 말고 초록색을 조금 남겨주는 게 먹음직스러워요.

② 버섯은 한 입 크기로 찢거나 편으로 썰고, 대파는 어슷하게 썰어줍니다.

③ 냄비에 채소와 버섯을 돌려 담고 밑간 한 소고기와 분량의 재료를 섞어 만든 양념을 적당량 넣은 뒤 멸치 육수를 부어줍니다.
TIP 바닥에 배추를 깔고서 채소를 올리면 볼륨감 있고 예뻐요.

④ 중강불로 시작해서 끓기 시작하면 중약불로 줄인 다음 뚜껑을 덮고 끓여 완성합니다.
TIP 양념은 한 번에 다 넣지 말고 식성에 따라 조절합니다.

저수분으로 간단하게 만드는
보쌈

095

INGREDIENTS

통삼겹살 … 600g
양파 … 1개
대파 … 1개
생강 … 1쪽
마늘 … 3알

통후추 … 1작은술
된장 … 1큰술
맛술 … 2큰술
물 … 1컵

양념장
새우젓 … 1큰술
고춧가루 … 약간

① 양파는 1cm 두께로 도톰하게 썰고, 대파는 5cm 길이로 썰고, 생강은 얇게 편으로 썰어줍니다.

② 통삼겹살은 냄비 사이즈에 맞게 2~3등분하고, 된장에 물 1컵과 맛술을 넣어 섞어줍니다.

③ 냄비 바닥에 양파를 깔고 ②의 통삼겹살을 올린 다음 ②의 된장물과 대파, 생강, 마늘, 통후추를 넣습니다. 뚜껑을 닫은 채로 중강불로 가열하다가 뚜껑이 들썩이며 끓기 시작하면 약불로 줄여 1시간 이내로 뭉근히 익힙니다.
TIP 저수분 방식이라 약불에서 뭉근하게 익혀야 고기가 부드러워요.

④ 고기가 익으면 꺼내서 한 김 식혀 적당한 두께로 자른 뒤 새우젓과 고춧가루를 섞어 만든 양념장을 곁들여 냅니다.

달짝지근한 국물의 감칠맛
불고기뚝배기

096

INGREDIENTS

소고기(불고기용) … 200g
당면 … 30g
표고버섯 … 2개
양파 … 1/3개
당근 … 약간
대파 … 1/5개
멸치 육수 … 2컵

참기름 … 1큰술
소금 … 약간

양념
간장 … 1+1/2큰술
국간장 … 1작은술
맛술 … 1작은술
다진 마늘 … 1작은술
후춧가루 … 약간
설탕 … 1작은술

① 소고기는 양념 재료를 모두 넣어 간을 합니다.

② ①의 양념한 소고기에 채 썬 표고버섯, 양파, 당근, 어슷하게 썬 대파를 넣어 섞어줍니다.

③ 뚝배기에 참기름을 두르고 ②의 고기와 채소를 볶다가 고기 겉면이 갈색으로 변하면 멸치 육수를 넣습니다.

④ 끓기 시작하면서 생기는 거품은 걷어내고 30분 정도 불린 당면을 넣습니다. 모자라는 간은 소금으로 맞추어 마무리합니다.

찰밥 대신 감자를 넣어 끓인
삼계탕

097

INGREDIENTS

영계 … 1마리(500g 이내)	대파 … 1개	**초간장**
감자 … 2개	마늘 … 5알	간장 … 2큰술
황기 … 1~2뿌리	대추 … 3알	식초 … 1큰술
	통후추 … 1/3작은술	매실액 … 1큰술
	물 … 4컵	고춧가루 … 1/2작은술

① 닭은 내장까지 깨끗이 씻어 끓는 물에 1분 정도 겉만 살짝 익혀 꺼낸 뒤 기름진 부분은 가위로 잘라 내고 찬물에 씻어 준비합니다.
TIP 속을 벌려 씻어 내어야 깨끗이 씻겨서 잡내도 덜하고 구석구석 손질하기도 쉬워요.

② 감자는 통으로 껍질을 벗겨 준비하고, 대파는 5cm 길이로 썰고, 통마늘도 준비해둡니다. 대파의 초록색 부분은 고명용으로 동그란 모양을 살려 썰어줍니다. 황기와 대추도 씻어서 준비합니다. 분량의 재료를 섞어 초간장도 만들어둡니다.
TIP 감자를 통으로 넣어야 닭과 익는 시간이 비슷해요.

③ 냄비에 ①의 닭과 ②의 재료를 넣고 중강불에서 끓이기 시작하다가 끓어오르면 중약불로 줄인 뒤 뚜껑을 닫고 30분 이내로 뭉근하게 익힙니다.

④ ③의 닭과 감자만 건져 그릇에 담고 맑은 국물만 자박하게 부은 다음 초간장을 곁들여 냅니다.

데리야키 양념과 잘 어울리는 삼치
삼치간장조림

098

INGREDIENTS

삼치 … 1마리
대파(길이 5cm) … 1토막
마늘 … 2알
레몬 … 2조각
마른 고추 … 1/2개
식용유 … 적당량

삼치 밑간
후춧가루 … 약간
부침가루 … 3큰술

양념
간장 … 2큰술
맛술 … 2큰술
후춧가루 … 약간
설탕 … 2작은술

① 삼치는 살집이 많은 부분에 칼집을 가볍게 낸 다음 후춧가루를 약간 뿌리고 부침가루를 앞뒤로 고루 묻혀줍니다.
TIP 부침가루가 삼치의 수분에 스며들면 튀길 때 기름이 많이 튀지 않아요.

② 양념 재료를 모두 섞어 양념을 만들어 둡니다. 대파는 길게, 마늘과 레몬은 편으로 썰고, 마른 고추도 자릅니다.

③ 달군 팬에 기름을 넉넉히 두르고 삼치의 양면을 고루 구워줍니다.

④ 삼치가 익으면 불을 끄고 ②의 썰어둔 채소와 양념을 넣습니다. 다시 불을 켜고 양념이 바글바글 끓기 시작하면 삼치의 양면에 양념이 고루 배도록 뒤집어가며 익힙니다.
TIP 팬이 달궈진 상태에서 바로 양념을 부으면 튈 수 있으니 주의하세요.

안주로도 반찬으로도 좋은
소시지채소볶음

099

INGREDIENTS

소시지 … 2컵(200g)
파프리카 … 1개
양파 … 1/2개
피망 … 1/4개
통깨 … 약간
소금 … 약간
식용유 … 적당량

양념
토마토케첩 … 3큰술
굴소스 … 1작은술
올리고당 … 1큰술

① 소시지는 사선으로 칼집을 낸 다음 끓는 물에 살짝 데칩니다. 파프리카, 양파, 피망은 한 입 크기로 썹니다.

② 달군 팬에 기름을 두르고 채소부터 볶기 시작합니다. 이때 소금을 약간 넣어 밑간을 합니다.
TIP 겉면을 기름으로 코팅하는 느낌으로 살짝 볶아야 채소가 아삭해요.

③ ②의 팬에 데친 소시지를 넣고 가볍게 볶다가 양념 재료를 모두 넣고 섞어줍니다.

④ 소시지와 채소를 재빨리 양념에 버무리고 통깨를 뿌려 마무리합니다.

소시지 담백하게 즐기기

소시지는 칼집을 낸 뒤 뜨거운 물을 한 번 끼얹어주면 염도도 줄고 맛도 깔끔해져요.

채소를 듬뿍 넣어야 맛있어요
순대볶음

100

INGREDIENTS

순대 … 300g
양배추잎 … 3장
양파 … 1/2개
청양고추 … 1개
깻잎 … 5장
참기름 … 1큰술
통깨 … 약간
소금 … 약간
식용유 … 적당량

양념
멸치 육수 … 3큰술
간장 … 1큰술
다진 파 … 1큰술
다진 마늘 … 1작은술
고춧가루 … 1/2큰술
후춧가루 … 약간

① 순대와 양배추, 양파는 한 입 크기로 썰고, 깻잎은 큼직하게 썰고, 청양고추는 어슷하게 썹니다. 양념은 분량의 재료를 섞어 미리 만들어둡니다.

② 팬에 기름을 두르고 양배추와 양파, 청양고추를 넣고 소금 1~2꼬집을 뿌려 채소의 숨이 살짝 죽을 정도로 볶아줍니다.

③ 순대를 넣어 한 번 더 뒤섞어가며 볶아주다 양념을 부어줍니다.
TIP 순대가 너무 차갑다면 전자레인지에 30초 정도 데운 후 넣어요. 덜 부서지고 채소와 익는 시간이 맞아요.

④ 순대, 채소와 양념이 버무려지면 깻잎을 넣어 가볍게 섞다가 참기름과 통깨를 넣고 버무려 완성합니다. 모자라는 간은 소금으로 맞춰줍니다.

당면 건져 먹는 재미
안동찜닭

101

INGREDIENTS

닭 봉 … 400g
당면 … 100g
감자 … 1개
당근 … 1/2개
양파 … 1/2개
시금치 … 2뿌리

마른 고추 … 2개
청양고추 … 1개
대파 … 1/2개
물 … 1+1/2컵
참기름 … 1큰술
통깨 … 약간

양념
간장 … 3큰술
굴소스 … 1큰술
올리고당 … 2큰술
청주 … 1큰술
생강즙 … 1작은술

다진 마늘 … 1큰술
후춧가루 … 약간
설탕 … 1큰술

① 닭 봉은 끓는 물에 30초 정도 데치고, 당면은 찬물에 30여 분간 불립니다.
TIP 당면은 불리지 않고 끓는 물에 삶아도 돼요. 안동찜닭에는 납작 당면이 잘 어울립니다.

② 냄비에 데친 닭 봉과 한 입 크기로 썬 감자, 당근, 양파, 어슷하게 썬 마른 고추를 담고 물 1+1/2컵과 분량의 재료로 만든 양념을 넣어 뚜껑을 닫고 중강불로 가열합니다. 끓기 시작하면 중약불로 줄입니다.

③ 국물이 2/3 정도로 줄어들면 불린 당면과 어슷하게 썬 청양고추, 대파를 넣어 섞어줍니다.

④ 당면이 익으면 시금치를 넣고 섞은 다음 참기름과 통깨를 뿌려 완성합니다.
TIP 시금치는 연해서 남은 열로 금방 익어요.

CLASSIC HOME COOK RECIPES

겨울이 제철인
양념꼬막

102

INGREDIENTS

꼬막 … 1kg

양념
간장 … 1+1/2큰술
매실액 … 1큰술
다진 쪽파 … 1큰술
다진 청양고추 … 1작은술
다진 마늘 … 1작은술
참기름 … 1/2큰술
고춧가루 … 1/2큰술
통깨 … 1작은술

① 분량의 양념 재료를 한데 넣고 섞어줍니다.

② 끓는 물에 잘 씻은 꼬막을 넣고 꼬막 입이 반 정도 벌어지기 시작하면 불을 끕니다.

③ 삶은 꼬막은 체에 밭쳐 수분을 날리고 살점이 없는 한쪽 면의 껍데기를 떼어냅니다.

④ 꼬막 살 위에 ①의 양념을 올려 완성합니다.

TIP 꼬막 자체에 간이 있으니 양념을 조금만 올리세요.

톡톡 터지는 식감이 좋은
양송이버섯구이

INGREDIENTS

양송이버섯 … 10개(200g)
게맛살 … 2줄
날치알 … 1큰술
마요네즈 … 1큰술
피자치즈 … 1/3컵
다진 쪽파 … 약간

① 흐르는 물에 가볍게 씻은 양송이는 기둥을 떼고 물기를 닦아 준비합니다.
TIP 떼어 낸 기둥은 채소 육수를 내는 데 넣어도 좋아요.

② 게맛살은 다져서 날치알, 마요네즈와 버무립니다.

③ 양송이버섯 갓의 안쪽 파인 부분에 ②를 평평하게 채웁니다.

④ 피자치즈를 올리고 다진 쪽파나 파슬리를 올린 후 180도로 예열한 오븐에 넣어 치즈가 녹을 정도(5분 이내)로 구워 완성합니다.

소스가 없어도 맛있는
월남쌈

104

INGREDIENTS

라이스페이퍼 … 20장
닭 가슴살(익힌 것) … 100g
게맛살 … 3줄
파프리카 … 1개
단무지(김밥용) … 5줄
깻잎 … 10장
양배추 채 … 1컵

① 닭 가슴살과 게맛살은 결대로 찢고, 파프리카와 단무지는 길게 채 썰고, 깻잎은 반으로 잘라 준비합니다.

② 따뜻한 물에 라이스페이퍼를 2~3초 짧게 담갔다 건집니다.

③ 라이스페이퍼를 펼쳐 ①의 손질한 재료들 가운데 깻잎을 먼저 올린 다음 나머지 재료들과 양배추 채를 올립니다.
TIP 깻잎으로 안의 내용물을 감싸면 말기가 수월해요.

④ 깻잎으로 내용물을 감싸고 라이스페이퍼의 앞, 좌우를 포개어 돌돌 말면 완성입니다.

진짜 금방 만들 수 있어요
잡채

105

INGREDIENTS

당면 … 150g
시금치 … 2뿌리
파프리카 … 1/2개
양파 … 1/2개
표고버섯 … 2개
참기름 … 1큰술

통깨 … 약간
후춧가루 … 약간
소금 … 약간
식용유 … 적당량

양념
간장 … 2큰술
맛술 … 1큰술
설탕 … 1큰술
물 … 1/2컵
포도씨유 … 1큰술

① 당면은 찬물에 미리 (1시간 이내) 불려두고, 시금치는 가닥가닥 떼어두고, 나머지 채소류는 도톰하게 채 썰어줍니다.

② 달군 팬에 기름을 두르고 시금치를 제외한 ①의 채소를 모두 넣은 다음 소금 1꼬집을 뿌려 가볍게 볶아 넓은 그릇에 펼쳐 식힙니다.

③ 채소를 볶았던 팬에 물기를 뺀 당면과 분량의 재료로 만든 양념을 넣고 뒤적이며 양념이 졸아들 때까지 볶아주다가 마지막에 시금치를 넣어 남은 열로 익혀줍니다.

TIP 양념이 1~2숟가락 남았을 때 뚜껑을 닫고 초약불로 줄여 1~2분 정도 익히면 당면이 부드러워요.

④ 당면과 시금치에 양념이 어우러지면 ②의 채소를 넣어 섞은 뒤 참기름, 통깨, 후춧가루를 넣어 섞어 완성합니다.

볶음밥까지 곁들이면 더욱 맛있는
춘천닭갈비

INGREDIENTS

닭 다리살 … 300g
양배추잎 … 4장
당근 … 1/4개
깻잎 … 10장
양파 … 1/2개
청양고추 … 1개
대파 … 1/2개
참기름 … 1큰술
통깨 … 1큰술
식용유 … 적당량

닭고기 밑간
맛술 … 1큰술
후춧가루 … 약간

양념
고추장 … 2큰술
간장 … 2큰술
맛술 … 1큰술
올리고당 … 2큰술
다진 마늘 … 1큰술
고춧가루 … 2큰술
카레가루 … 2작은술
후춧가루 … 약간
설탕 … 1큰술

① 양배추, 당근, 깻잎, 양파는 한 입 크기로 썰고, 청양고추와 대파는 어슷썰기 합니다.

② 닭고기는 한 입 크기로 잘라 분량의 밑간 재료로 밑간을 합니다. 양념도 분량대로 미리 만들어둡니다.

③ 달군 팬에 기름을 두르고 깻잎을 제외한 채소를 볶다가 한쪽으로 밀고 닭 다리살도 함께 볶습니다.

④ 닭고기 겉면이 익으면 ②의 양념을 넣고 다 함께 섞어줍니다. 양념이 고르게 버무려지고 고기가 다 익으면 깻잎을 넣고 참기름과 통깨를 넣어 마무리합니다.

자작한 국물이 있어야 더 맛있는
코다리조림

INGREDIENTS

코다리 … 2마리
무 … 1/5개(300g)
양파 … 1/2개
대파 … 1/2개
청양고추 … 1개
마른 고추 … 1개
다시마(사방 5cm) … 3장
물 … 3컵
참기름 … 1큰술

양념
간장 … 2큰술
멸치 액젓 … 1큰술
올리고당 … 2큰술
청주 … 2큰술
생강즙 … 1작은술
다진 마늘 … 2큰술
고춧가루 … 2큰술
후춧가루 … 약간
포도씨유 … 1큰술

① 코다리는 지느러미를 가위로 자른 다음 적당한 크기로 토막 낸 뒤 흐르는 물에 씻습니다. 양념 재료도 미리 섞어둡니다.

② 물 3컵에 한 입 크기로 도톰하게 썬 무, 큼직하게 썬 마른 고추, 다시마를 넣고 뚜껑을 닫아 무가 반쯤 익을 정도로 끓입니다.
TIP 냄비 크기에 따라 물 양을 조절해주세요.

③ 손질한 코다리를 넣고 양념을 켜켜이 바른 후 큼직하게 썬 양파, 대파, 청양고추를 넣고 조리기 시작합니다.

④ 중간중간 국물을 끼얹어주면서 끓이다가 무가 뭉근하게 익고 국물이 1/3 정도 남았을 때 참기름을 넣어 조심스럽게 뒤섞어줍니다.

군침 도는 비주얼
통오징어고추장구이

INGREDIENTS

오징어 … 1마리
다진 쪽파 … 1큰술
참기름 … 약간
통깨 … 약간

양념
고추장 … 1큰술
간장 … 1작은술
올리고당 … 1큰술
맛술 … 1큰술
다진 마늘 … 1/2큰술
고춧가루 … 1작은술
후춧가루 … 약간

① 오징어는 내장을 제거한 다음 몸통 가운데 부분을 1cm가량 남기고 고른 간격으로 칼집을 냅니다.

② 분량의 재료를 섞어 양념을 만들어두고, 고명으로 사용할 쪽파도 다져둡니다.

③ 바닥이 두터운 팬에 물 1~2큰술과 오징어를 넣고 뚜껑을 닫아 중약불에서 가열하다가 반쯤 익으면 양념을 조금씩 덧발라줍니다.

④ 오징어가 다 익으면 참기름과 통깨를 뿌리고 다진 쪽파를 올려 완성합니다.

식당보다 덜 자극적이지만 맛있는
해물콩나물찜

109

INGREDIENTS

콩나물 … 400g
미나리 … 1줌(50g)
오징어 … 1마리
미더덕 … 1컵(200g)
참기름 … 1큰술
통깨 … 1큰술

양념
고추장 … 1큰술
멸치 액젓 … 1큰술
올리고당 … 1큰술
맛술 … 1큰술
다진 파 … 2큰술
다진 청양고추 … 1큰술
다진 마늘 … 1큰술

고춧가루 … 1+1/2큰술
후춧가루 … 약간
소금 … 1/2작은술

녹말물
물 … 1+1/2큰술
녹말가루 … 1큰술

① 오징어는 내장을 빼고 링 모양을 살려 썰고, 미더덕은 여린 부분을 칼끝으로 살짝 찔러둡니다.
TIP 미더덕을 터트려 넣으면 즙이 빠져나와 감칠맛이 더 좋아요.

② 팬에 물 2~3큰술을 넣고, 오징어와 미더덕 위에 대가리와 꼬리를 뗀 콩나물을 올린 뒤 뚜껑을 닫은 채로 가열합니다. 김이 나기 시작하면 익은 콩나물만 따로 덜어놓습니다.
TIP 콩나물은 한 번 익혀 덜어두었다가 마지막에 양념과 버무려야 더 아삭해요.

③ 콩나물을 뺀 팬에 분량의 재료를 섞어 만든 양념을 넣고 한소끔 끓입니다.

④ 양념이 끓으면 덜어둔 콩나물을 넣고 양념과 고루 섞다가 길쭉하게 썬 미나리와 미리 섞어둔 녹말물을 넣습니다. 전체적으로 걸쭉해지면 참기름과 통깨를 넣어 마무리합니다.

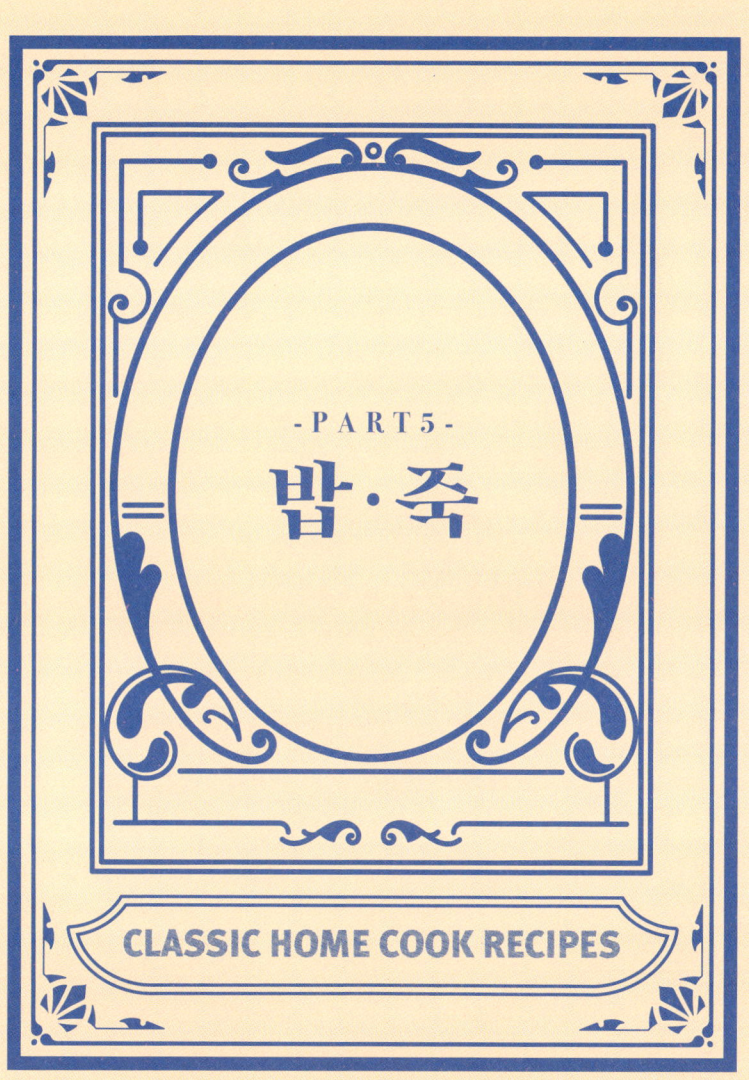

영양 가득한 한 그릇
가지덮밥

110

INGREDIENTS

밥 … 1공기	다진 파 … 1큰술	**양념**	물 … 2큰술
돼지고기(다짐육) … 50g	다진 마늘 … 1/2큰술	간장 … 1큰술	후춧가루 … 약간
가지 … 1개	참기름 … 1/2큰술	굴소스 … 1/2작은술	
양파 … 1/5개	통깨 … 약간	올리고당 … 1큰술	
홍고추 … 1/2개	식용유 … 적당량	맛술 … 1큰술	

① 가지는 반으로 잘라 한 입 크기로 어슷하게 썰고, 양파와 홍고추는 잘게 썹니다.

② 팬을 달궈 기름을 1큰술 두르고 가지를 중약불에서 앞뒤로 굽다가 팬의 한쪽으로 밀어놓은 뒤 돼지고기 다짐육과 다진 파, 다진 마늘, 양파, 홍고추를 넣어 볶기 시작합니다.

TIP 가지를 볶다가 기름이 부족하면 기름 대신 물 1~2순가락을 넣어가며 볶으면 기름도 덜 먹고 담백해요.

③ 가지와 볶은 돼지고기를 섞은 뒤 분량의 재료로 만든 양념을 넣고 끓입니다.

④ 바글바글 끓으면 중약불에서 국물이 1~2순가락 남을 때까지 졸이다가 참기름, 통깨를 넣고 마무리한 뒤 밥 위에 올립니다.

고추장 양념을 넣어 매콤한
게맛살오이사각김밥

111

INGREDIENTS

밥 … 1공기
김(김밥용) … 2장
게맛살 … 5~6줄(100g)
오이 … 1개
소금 … 1/4작은술

밥 밑간
참기름 … 1큰술
통깨 … 1/2큰술
소금 … 1/4작은술

양념
고추장 … 1작은술
마요네즈 … 3큰술
후춧가루 … 약간

1. 게맛살은 결대로 찢습니다. 오이는 가운데 씨 부분은 빼고 얇게 채 썬 다음 소금 1/4작은술을 넣고 10여 분 절인 뒤 물기를 빼서 준비합니다.

2. 밥은 참기름, 통깨, 소금으로 밑간하고, 게맛살과 오이에 양념 재료를 넣고 고루 버무립니다.

3. 네모난 틀이나 그릇에 '밥, 게맛살과 오이, 밥' 순으로 차곡차곡 올립니다.

4. 김의 거친 면 위에 틀에 쌓은 밥을 엎어놓고 김의 네 면이 겹치도록 감싸줍니다.

   TIP 김은 겹친 부분을 아랫면으로 두면 수분에 의해 서로 달라붙어요.

오이 쉽게 절이기

오이는 위생 비닐에 소금과 함께 넣어 절인 뒤, 끝을 조금 잘라 손으로 눌러 물을 짜면 편리해요.

햄, 게맛살 안 들어가도 맛있는
기본김밥

INGREDIENTS

밥 … 2공기
김(김밥용) … 3장
단무지(김밥용) … 3줄
달걀 … 2개
오이 … 1/2개

당근 … 1/4개
깻잎 … 6장
소금 … 약간
식용유 … 적당량

밥 밑간
참기름 … 1큰술
통깨 … 약간
소금 … 약간

① 오이는 길게 반으로 갈라 수분 많은 가운데 부분은 도려내고 단무지 두께에 맞게 다시 길게 자릅니다. 당근은 길게 채 썰어 끓는 물에 살짝 데칩니다. 달군 팬에 기름을 조금 두르고 당근과 오이를 기름으로 코팅하듯 살짝 볶아둡니다. 이때 소금을 1~2꼬집 넣어주세요.

② 달걀은 곱게 풀어 사각 팬에 한꺼번에 붓고 윗면이 다 익기 전에 반으로 접어 도톰하게 지단을 부친 후, 단무지 두께에 맞춰 길게 자릅니다.

③ 따뜻한 밥에 소금 3~4꼬집, 참기름, 통깨를 섞어 밑간합니다.

④ 김의 거친 면에 밥을 얇게 펼치는데, 이때 끝의 3~4cm는 남겨둡니다. 밥 위에 깻잎을 올리고 그 위에 단무지, 오이, 당근, 달걀을 올려 깻잎으로 감싼 뒤 말아줍니다.

TIP 김밥 1줄에 밥은 2/3공기 정도가 적당해요. 김의 끝부분에 물을 바르거나 겹친 부분을 아래로 향하도록 두면 김끼리 붙어요.

바닥 누룽지까지 맛있는
김치날치알밥

113

INGREDIENTS

밥 … 2/3공기
김치 … 1줄기
날치알(냉동) … 1팩(30g)
단무지(김밥용) … 1줄
게맛살 … 1줄
김(도시락용 조미김) … 5장
무순 … 약간
참기름 … 적당량

① 냉동 날치알은 해동해두고, 단무지와 게맛살은 잘게 다집니다.

② 김치는 다지고, 김은 위생 비닐에 넣어 잘게 부숩니다.

③ 뚝배기에 참기름을 고르게 바릅니다.
TIP 참기름을 바르면 밥맛도 고소해지고 밥알이 뚝배기에 눌어붙지 않아요.

④ 뚝배기에 따뜻한 밥을 올리고 ①과 ②의 재료를 고루 담은 후 불에 올리는데, 타닥타닥 누룽지가 생기는 소리가 나면 불을 끕니다.
TIP 무순은 마지막에 장식처럼 올려요.

아침으로 부담 없는
달걀밥

INGREDIENTS

찬밥 … 3큰술(50g)
자투리 채소(부추, 새송이버섯, 양파, 당근) … 50g
달걀 … 1개

멸치 육수 … 1~2큰술
참기름 … 1작은술
소금 … 1/3작은술

① 자투리 채소는 잘게 다지고, 찬밥은 살짝 데워둡니다.

② 달걀에 멸치 육수, 참기름, 소금을 넣어 간합니다.

③ 찬밥과 다진 채소를 ②의 달걀물과 섞습니다.

④ ③을 내열 용기에 담고 랩으로 윗면을 감싼 뒤 구멍을 1~2군데 내어 전자레인지를 이용해 3분 이내로 익혀줍니다.

TIP 전자레인지에 1분씩 나누어 돌리며 익는 상태를 확인하세요.

시판 레토르트 제품보다 깔끔한 맛
마파두부덮밥

INGREDIENTS

밥 … 1공기
두부 … 1/3모(100g)
돼지고기(다짐육) … 50g
대파 … 1/3개

양파 … 1/4개
마늘 … 2알
물 … 1+1/2컵
소금 … 약간
식용유 … 적당량

녹말물
물 … 1+1/2큰술
녹말가루 … 1큰술

양념
두반장 … 1큰술
간장 … 1작은술
굴소스 … 1/2작은술
맛술 … 1큰술

① 두부는 사방 1cm 크기로 깍둑썰기 하고, 녹말물은 미리 개어둡니다. 대파와 양파는 굵게 다지고, 마늘도 굵게 으깨어줍니다.

② 팬에 기름을 두르고 대파, 양파, 마늘을 볶아 향을 낸 다음 다진 돼지고기를 넣어 갈색이 나도록 볶습니다.

③ 분량의 양념 재료를 섞은 다음 ②의 팬에 넣고 고루 섞어줍니다.

④ ③의 팬에 물을 1+1/2컵 넣고 한소끔 끓으면 두부도 넣습니다. 이어서 녹말물을 풀어 넣어 걸쭉하게 농도를 맞추고, 모자라는 간은 소금으로 조절하여 완성합니다.

매콤한 어묵과 깻잎이 찰떡 궁합
매운어묵김밥

INGREDIENTS

밥 … 3/4공기
어묵 … 2~3장
깻잎 … 4장
청양고추 … 1개
김(김밥용) … 1장

어묵볶음 양념
간장 … 1/2큰술
올리고당 … 1/2큰술
다진 마늘 … 1작은술
고춧가루 … 1작은술
식용유 … 적당량

밥 밑간
참기름 … 1작은술
통깨 … 1작은술
소금 … 2꼬집

① 어묵은 가늘게 채 썰고, 깻잎은 씻어 물기를 빼두고, 청양고추는 반으로 잘라 씨를 털어 내서 잘게 다집니다.

② 팬을 달궈 기름을 두르고 채 썬 어묵과 청양고추를 넣어 볶다가 분량의 어묵볶음 양념을 넣고 수분이 날라갈 정도로 볶습니다.

③ 따뜻한 밥에 참기름, 통깨, 소금을 넣어 밑간을 하고, 김의 거친 면을 위로 오게 해 밥을 넓게 펼친 뒤 깻잎을 깔아줍니다.

④ 깻잎 위에 ②의 어묵을 가지런히 올리고 어묵을 감싸기 쉽도록 위에도 깻잎을 1~2장 올려 감싼 뒤 김밥을 말아 완성합니다.

삼삼한 양념장을 곁들인
멍게비빔밥

INGREDIENTS

밥 … 1공기
멍게 … 100g
어린잎 채소 … 1줌(30g)
김(도시락용 조미김) … 5장

양념장
간장 … 2작은술
국간장 … 1작은술
참기름 … 1큰술
다진 쪽파 … 1큰술
통깨 … 약간

① 어린잎 채소는 한 번 씻어 물기를 최대한 빼줍니다.

② 손질한 멍게는 먹기 좋게 가위로 숭덩숭덩 자릅니다.

③ 김은 잘게 부수고, 볼에 분량의 재료를 넣고 섞어 양념장을 만들어둡니다.

④ 따뜻한 밥 주위로 어린잎 채소를 놓고 멍게와 김가루를 올린 다음 양념장을 곁들여 냅니다.

밥 한 그릇에 영양이 듬뿍
모듬버섯밥

INGREDIENTS

쌀 … 2컵
모둠 버섯 … 300g
물 … 2컵

양념장
국간장 … 1큰술
매실액 … 1큰술
들기름 … 2큰술

고춧가루 … 1작은술
통깨 … 1큰술
다진 쪽파 … 3큰술

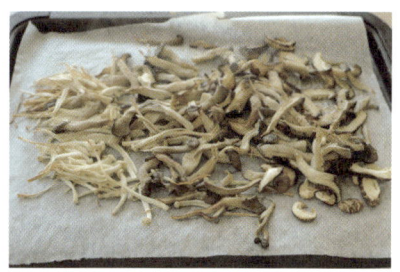

① 버섯은 먹기 좋은 크기로 자르거나 찢어 180도로 예열된 오븐이나 에어프라이어에서 10여 분 구워 수분을 날립니다.

② 볼에 쪽파를 제외한 분량의 양념장 재료를 넣어 섞고, 쪽파는 다져 준비합니다.

③ 쌀은 씻어 30여 분 물에 불린 뒤 체에 받쳐 물기를 뺍니다. 냄비에 쌀과 물 2컵을 붓고 뚜껑을 덮어 중강불에서 5분 정도 끓이다가 약불로 줄여 15분 이내로 밥을 짓습니다. 밥이 완성되기 1~2분 전에 ①의 구운 버섯을 올립니다.

④ 버섯 향이 고루 배도록 섞은 후 불을 끈 채 뚜껑을 닫고 3분 이내로 뜸을 들여 완성합니다. 양념장에 쪽파를 넣어 곁들입니다.
TIP 쪽파는 먹기 직전 양념장에 넣으면 푸릇푸릇한 색감이 살아 있어 훨씬 맛있어 보여요.

밥물 잡는 법

불리기 전 쌀과 물의 양을 동량으로 잡으면 얼추 맞아요. 불린 쌀은 체에 받쳐 물기를 최대한 빼고 물 양을 잡아서 밥을 지어야 질척해지지 않습니다.

빵빵한 상추쌈이 김밥 속으로
불고기김밥

INGREDIENTS

밥 … 1+1/2공기
김(김밥용) … 2장
소고기(불고기용) … 200g
꽃상추 … 8장
간장고추장아찌 … 2개
→ 55번 요리 참조
소금 … 약간
식용유 … 적당량

불고기 양념
간장 … 1+1/2큰술
참기름 … 1작은술
다진 마늘 … 1작은술
설탕 … 1작은술
후춧가루 … 약간

밥 밑간
참기름 … 1큰술
통깨 … 1작은술
소금 … 1/4작은술

① 볼에 소고기와 불고기 양념 재료를 넣고 조물조물 무친 다음, 달군 팬에 기름을 두르고 물기가 없어질 정도로 볶습니다.

② 꽃상추는 깨끗이 씻어 물기를 최대한 빼고, 간장고추장아찌는 잘게 다집니다.
TIP 꽃상추가 잎이 여리고 풍성해서 잘 말려요.

③ 따뜻한 밥에 참기름과 통깨, 소금을 넣어 밑간한 뒤, 김의 거친 면이 밥과 맞닿도록 김을 세로로 길게 펼친 후 밥을 얇게 폅니다.

④ 상추 4장을 겹쳐 깔고 볶은 불고기와 장아찌를 올린 뒤 김밥을 말아줍니다.

김밥 잘 마는 비결

상추로 불고기를 감싼 다음 김밥을 말면 속재료 부피가 줄어들어 쉽게 말 수 있어요.

삼겹살과 꽈리고추의 맛있는 조화
삼겹데리야키덮밥

120

INGREDIENTS

밥 … 1공기
삼겹살 … 200g
꽈리고추 … 5개
마늘 … 2알
식용유 … 1큰술

데리야키 양념
간장 … 1+1/2큰술
맛술 … 1+1/2큰술
올리고당 … 1큰술
후춧가루 … 약간

① 마늘은 편으로 썰어주고, 꽈리고추는 꼭지를 떼어 내고 씻어 준비합니다. 분량의 재료를 섞어 데리야키 양념을 만들어둡니다.

② 달군 팬에 기름을 두르고 삼겹살을 앞뒤로 구워줍니다.
TIP 데리야키 양념에 한 번 더 졸일 거라 완전히 익지 않아도 괜찮아요.

③ ②의 팬에 마늘과 꽈리고추를 넣은 다음, 데리야키 양념을 넣고 끓입니다.

④ 양념이 2~3숟가락 정도 남으면 불을 끄고 밥 위에 올려 완성합니다.

욕심껏 새우 듬뿍 넣어 만들기
새우볶음밥

INGREDIENTS

밥 … 1공기
칵테일 새우 … 1컵(60~70g)
마늘 … 2알
대파 … 1/4개

당근 … 약간
굴소스 … 1큰술
소금 … 약간
식용유 … 적당량

달걀물
달걀 … 1개
물 … 1작은술
소금 … 약간

① 팬에 기름을 두르고 미리 풀어둔 달걀물을 부어 윗면이 익기 전에 뒤적여 부드럽게 스크램블을 만든 다음 따로 그릇에 옮겨둡니다.

② 팬에 기름을 두른 뒤 잘게 썬 당근과 대파, 편으로 썬 마늘을 넣고 소금 2꼬집을 넣어 향을 내며 볶다가 새우를 넣고 겉면에 골고루 기름 코팅을 하듯 살짝 볶아둡니다.

TIP 자숙 새우는 해동해 넣고, 생새우는 끓는 물에 살짝 데쳐 사용하세요.

③ 볶던 재료를 팬의 한쪽으로 밀어놓고 밥과 굴소스를 넣어 섞어줍니다.

④ 밥과 채소를 골고루 섞어가며 볶은 다음 ①의 스크램블을 넣고 섞어 완성합니다.

소고기고추장볶음 활용 요리
소고기고추장주먹밥

INGREDIENTS

밥 … 1공기
소고기고추장볶음 … 2큰술
→ 46번 요리 참조
김(김밥용) … 1/2장

양념
참기름 … 1큰술
통깨 … 1작은술
소금 … 약간

① 김은 10×4cm 정도의 크기로 길게 띠 모양으로 자르고, 따뜻한 밥에 참기름, 소금, 통깨를 넣어 밑간한 뒤 삼등분합니다.

② 각각의 밥을 둥글게 빚어 가운데를 살짝 누른 다음 소고기고추장볶음을 넣고 뭉쳐줍니다.
TIP 밥을 고추장볶음에 비벼서 빨갛게 만들어도 좋아요.

③ 속재료가 삐져나오지 않게 밥을 뭉쳐 삼각형으로 모양을 잡은 다음 김 띠를 준비합니다.

④ 삼각형 밥의 아랫면을 김 띠로 감싸서 완성합니다.

간편하면서도 영양가 좋은 한 끼
소고기유부초밥

123

INGREDIENTS

밥 … 1공기
소고기(다짐육) … 100g
유부(초밥용) … 10장
참기름 … 약간

통깨 … 약간
소금 … 약간
식용유 … 적당량

양념
청주 … 1작은술
다진 마늘 … 1작은술
후춧가루 … 약간

소금 … 1/3작은술

① 달군 팬에 기름을 두른 후 소고기 다진 것과 양념 재료를 넣습니다.

② 다진 소고기가 뭉치지 않도록 포슬포슬하게 볶아줍니다.

③ 따뜻한 밥에 ②의 소고기를 넣고 소금 2꼬집, 참기름, 통깨를 넣고 섞어줍니다.

④ 유부를 벌려 양념한 밥을 속에 가볍게 채워 넣습니다.

TIP 유부초밥은 밥을 꾹꾹 채워 넣는 것보다 조금 가볍게 넣어야 식감이 살아요.

소고기 포슬포슬 볶는 법

소고기 다짐육은 구입한 상태에서 키친타월을 깔아 핏물을 뺀 뒤, 양념과 섞지 않고 그대로 팬에 넣고 볶으면서 간을 해야 뭉치지 않고 포슬포슬합니다.

다짐육만 있으면 간편하게
유니짜장덮밥

INGREDIENTS

밥 … 1공기
춘장 … 2큰술(40g)
돼지고기(다짐육) … 100g
양파 … 1개

다진 대파 … 2큰술
다진 마늘 … 1큰술
오이 … 약간
식용유 … 적당량

양념
물 … 1컵
간장 … 1작은술
굴소스 … 1작은술

녹말가루 … 2작은술
설탕 … 1작은술

① 팬에 기름을 넉넉히 붓고 춘장을 한 번 볶은 다음 춘장은 덜어 내고 팬에 기름은 남겨둡니다.
TIP 짜장 소스는 분말보다 춘장을 볶아서 만들어야 훨씬 깊은 맛이 납니다.

② 춘장을 볶은 기름으로 다진 양파와 대파, 마늘을 볶아 향을 내고 여기에 돼지고기를 넣어 갈색이 나도록 포슬포슬하게 볶습니다.

③ 채소와 돼지고기를 볶던 팬에 ①의 볶은 춘장을 넣고 골고루 섞으면서 볶습니다.

④ 분량의 양념 재료를 섞어두었다가 ③에 부어줍니다. 소스가 걸쭉해지면 불을 끄고 밥 위에 소스와 채 썬 오이를 올려 완성합니다.

내장이 들어가 더 진하고 고소한
전복죽

INGREDIENTS

쌀 … 1/2컵
전복(소) … 2미
물 … 2+1/2컵
참기름 … 적당량
국간장 … 1작은술
소금 … 약간

① 쌀은 1시간 정도 불린 다음 체에 밭쳐 물기를 뺍니다. 손질한 전복은 껍데기를 떼고 내장은 따로 모아둡니다. 살은 뾰족한 부분에 칼집을 내어 이빨을 빼고 편으로 썰어 준비합니다.

② 전복 내장은 물 1컵을 붓고 핸드블렌더로 곱게 갈아줍니다.
TIP 내장까지 갈아 넣어야 죽이 훨씬 더 고소합니다.

③ 냄비를 달궈 참기름을 두르고 ①의 전복 살을 볶습니다.

④ ③의 냄비에 물기를 뺀 쌀을 넣고 쌀알의 끝 쪽이 투명해지도록 볶은 뒤 ②의 전복 내장 간 물과 물 1+1/2컵을 넣고 쌀알이 바닥에 달라붙지 않도록 중간중간 섞어가며 뭉근히 끓여줍니다(25분 이내). 쌀알이 풀어지면 국간장과 소금으로 간해 완성합니다.

견과류 쌈장이 맛의 핵심
케일쌈밥

INGREDIENTS

밥 … 1공기
쌈 케일 … 10장

밥 밑간
참기름 … 1큰술
통깨 … 1/2큰술
소금 … 약간

쌈장
된장 … 1/2큰술
고추장 … 1/2큰술
올리고당 … 1큰술
다진 견과류 … 2큰술

① 건과류를 잘게 다진 다음 나머지 양념 재료와 함께 섞어서 쌈장을 만듭니다.

② 끓는 물에 쌈 케일을 10초 정도 짧게 데친 후 찬물에 헹궈 물기를 짭니다.
TIP 케일을 한꺼번에 넣지 말고 두세 번 나눠 짧게 데치면 물의 온도가 내려가지 않아 색이 더 선명해요.

③ 쌈이 잘 말아지도록 케일의 두꺼운 줄기 부분은 껍질을 살짝 벗겨줍니다.

④ 따뜻한 밥에 참기름, 통깨, 소금(3꼬집)을 넣고 밑간합니다. 케일 위에 쌈장을 조금 올리고 밑간한 밥을 한 입 크기만큼 놓은 후 세 면을 감싸고 나머지 면 쪽으로 동그랗게 말아줍니다.

케일쌈밥 모양 내기

쌈밥 크기를 일정하게 만들려면 주먹밥 틀을 이용해보세요.

언제 먹어도 싫지 않은
콩나물국밥

127

INGREDIENTS

밥 … 2/3공기　　대파 … 1/5개
콩나물 … 100g　　새우젓 … 1큰술
멸치 육수 … 2+1/2컵　　들깻가루 … 2~3큰술
달걀 … 1개

① 콩나물은 씻어 준비하고, 대파는 둥근 모양을 살려 얇게 썹니다.

② 멸치 육수에 콩나물을 넣고 가열하다 끓기 시작하면 밥을 넣습니다.

③ 육수가 한소끔 끓으면 달걀을 깨트려 넣습니다
TIP 달걀은 노른자를 터트리지 말고 익혀야 국물이 깔끔해요.

④ 새우젓으로 간을 맞추고 대파와 들깻가루를 넣어 완성합니다.

토마토의 상큼한 맛이 더해진
토마토카레라이스

INGREDIENTS

밥 … 1공기
완숙 토마토 … 2개
닭 가슴살 … 100g
감자 … 1/2개
양파 … 1/2개

고형 카레 … 50g
물 … 1컵
쪽파 … 약간
식용유 … 적당량

① 양파와 감자는 잘게 깍둑썰기 하고, 닭 가슴살도 비슷한 크기로 썰어둡니다.
TIP 삶은 닭 가슴살을 사용해도 좋아요.

② 토마토는 겉껍질에 열십자로 칼집을 내 뜨거운 물에 살짝 담갔다 꺼내 찬 물에 담근 뒤 껍질을 벗깁니다.

③ 달군 팬에 식용유를 두르고 감자와 양파를 볶다가 닭 가슴살, 토마토를 차례로 넣어가며 볶은 뒤 고형 카레와 물을 넣어줍니다.
TIP 부재료는 한 번에 볶는 것보다 단단한 순서대로 볶으면 덜 부서집니다.

④ 카레가 뭉근히 풀어지도록 중간에 한두 번 저어 풀어주고 감자가 충분히 익을 때까지 중약불로 익혀 완성합니다.

중국집 잡탕밥 느낌
해물덮밥

129

INGREDIENTS

밥 … 1공기
모둠 해물(냉동) … 1+1/2컵(250g)
청경채 … 2개

대파 … 1/5개
마늘 … 3알
마른 고추 … 1개
멸치 육수 … 1컵

굴소스 … 1/2큰술
참기름 … 약간
소금 … 적당량
식용유 … 적당량

녹말물
물 … 1+1/2큰술
녹말가루 … 1큰술

① 청경채는 밑동을 자르고, 대파는 어슷하게 썰고, 마늘은 편으로 썰고, 마른 고추는 굵게 자릅니다. 냉동 모둠 해물은 해동해둡니다.

② 멸치 육수에 굴소스와 소금을 넣어 섞어두고, 녹말물도 미리 만들어둡니다.

③ 팬을 달궈 기름을 두르고 파, 마늘, 고추를 볶아 매운맛을 낸 뒤 해물을 넣고 함께 볶습니다. 어느 정도 볶아지면 ②의 멸치 육수를 붓고 한소끔 끓입니다.

④ 육수가 끓어오르면 청경채를 넣고, 녹말물을 둘러 걸쭉하게 만든 뒤 참기름을 두릅니다. 모자라는 간은 소금으로 맞춰줍니다.

실패 없는 햄과 김치의 조화
햄김치볶음밥

130

INGREDIENTS

밥 … 1공기
스팸 통조림 … 1/2개(100g)
김치(잘게 썬 것) … 1컵(100g)
양파 … 1/4개

깻잎 … 2장
달걀 … 1개
참기름 … 약간
통깨 … 약간

소금 … 약간
식용유 … 적당량

① 햄, 김치, 양파는 잘게 썰고, 깻잎은 채 썰어 찬물에 담갔다 물기를 빼둡니다.

② 팬을 달궈 기름을 두르고 햄과 양파를 넣어 햄의 모서리가 노릇해질 때까지 볶은 뒤 팬 한쪽으로 밀어놓습니다. 여기에 김치를 넣어 볶다가 햄, 양파와 섞어가며 다시 볶습니다.

③ 팬에 밥과 소금 2~3꼬집을 넣고 밥알에 김치 양념이 고루 배도록 볶습니다.
TIP 찬밥보다는 온기가 있는 밥을 넣어야 잘 섞여요.

④ 참기름과 통깨를 넣고 프라이한 달걀과 채 썰어놓은 깻잎을 올려 완성합니다.

달걀프라이 바삭하게 만들기

달군 팬에 기름을 넉넉히 붓고 달걀을 깨트려 넣은 뒤 뚜껑을 닫고 30초 내로 가열하면 뒤집지 않아도 흰자는 바삭하게 노른자는 반숙으로 익힐 수 있습니다.

녹두가 들어가 더 맛있는
호박죽

131

INGREDIENTS

미니 단호박(손질된 것) … 2개 분량(350g)
거피 녹두 … 3큰술(불리기 전)
찹쌀가루 … 1/2컵
물 … 3컵
설탕 … 1+1/2큰술
소금 … 1작은술

① 단호박은 껍질을 벗겨 깍둑썰기 하고, 녹두는 물에 불렸다 물기를 빼서 준비합니다.
TIP 녹두는 3~4시간 정도 한 번에 충분히 불려 소분해두었다가 밥할 때 넣어도 좋아요.

② 단호박이 충분히 잠길 만큼 물을 3컵 정도 붓고 삶다가 단호박이 익으면 블렌더로 갈아줍니다.

③ 찹쌀가루와 불린 녹두를 넣고 찹쌀가루가 뭉쳐지지 않도록 저어가며 약한 불에서 뭉근히 끓입니다.

④ 찹쌀가루가 풀어지고 녹두가 익으면 설탕과 소금으로 간을 맞추세요.

감자가 맛있어지는 초여름부터 별미
감자고추장찌개

132

INGREDIENTS

감자 … 1개
소고기 … 150g
호박 … 1/4개
양파 … 1/2개
대파 … 1/4개

멸치 육수 … 3컵
참기름 … 적당량

소고기 밑간
다진 마늘 … 1큰술
후춧가루 … 약간
소금 … 약간

양념
고추장 … 1+1/2큰술
된장 … 1/2큰술
고춧가루 … 1작은술
국간장 … 1작은술

① 소고기는 분량의 밑간 재료로 밑간을 합니다. 냄비에 참기름을 두르고 밑간한 소고기를 넣어 겉면이 갈색이 나도록 볶다가 멸치 육수를 부어줍니다.

② 감자, 호박, 양파는 한 입 크기로 썬 다음 ①의 냄비에 넣어 끓입니다.

③ 국물이 끓기 시작하면 고추장과 된장, 고춧가루를 체에 밭쳐 풀어 넣는데, 끓이는 동안 생기는 거품은 걷어냅니다.

④ 감자가 익으면 송송 썬 대파를 넣고 국간장으로 간을 조절합니다.

굴과 무의 시원한 조화

굴국

133

INGREDIENTS

굴 … 100g
무 … 1/5개(300g)
대파 … 1/4개
홍고추 … 1/4개

마늘 … 3알
다시마(사방 5cm) … 3장
물 … 3컵
참기름 … 1작은술

국간장 … 2작은술
소금 … 약간

① 굴은 소금물에 흔들어 헹굽니다. 무는 얄팍하고 네모지게, 대파와 홍고추는 어슷하게 썰고, 마늘은 굵게 으깹니다.
TIP 굴은 옅은 소금물(물 1L + 소금 1큰술)에 씻으면 단맛이 빠져나가지 않아요.

② 달군 팬에 참기름을 두르고 무와 마늘을 살짝 볶습니다.

③ ②의 냄비에 물 3컵과 다시마를 넣고 끓입니다.

④ 국물이 끓으면서 무가 투명하게 익으면 굴, 대파, 홍고추를 넣고, 다시 한소끔 끓으면 국간장과 소금으로 간을 맞춰 완성합니다.

칼칼하니 시원한
김치콩나물국

134

INGREDIENTS

김치 … 1/4포기(250g)	멸치 육수 … 5컵
콩나물 … 100g	국간장 … 1큰술
두부 … 1/3모(100g)	들기름 … 적당량
마늘 … 3알	소금 … 약간
대파 … 1/3개	

① 두부는 깍둑썰기 하고, 마늘은 굵게 으깨고, 대파는 어슷하게 썰어줍니다.

② 김치는 소를 털어 내고 송송 썬 다음, 냄비에 들기름을 둘러 가볍게 볶습니다.
TIP 김칫소를 털어 내야 국물이 깔끔합니다.

③ ②에 멸치 육수를 넣어 한소끔 끓인 후 끓는 상태에서 콩나물을 넣습니다.

④ 두부와 마늘, 대파를 넣고 국간장을 넣어 간을 맞춥니다. 모자라는 간은 소금으로 조절합니다.

따뜻하고 얼큰한 한 그릇
동태찌개

135

INGREDIENTS

동태 … 1마리
무(두께 3cm) … 1토막(200g)
콩나물 … 50g
쑥갓 … 약간
대파 … 1/2개

홍고추 … 1개
마늘 … 3개
멸치 육수 … 4컵
생강술 … 1큰술

양념
고춧가루 … 1큰술
멸치 액젓 … 1+1/2큰술
소금 … 약간

① 동태는 해동해서 흐르는 물에 씻습니다. 무는 사방 3cm, 두께 0.5cm로 나박썰기 하고, 쑥갓은 한 입 길이로 썰고, 대파와 청양고추는 어슷하게 썰고, 마늘은 칼등으로 으깹니다.

TIP 동태의 지느러미는 가위로 정리하고 내장은 알만 남긴 뒤 꺼내 제거하고 흐르는 물에 살살 헹구어 주세요.

② 냄비에 멸치 육수와 무를 넣고 한소끔 끓입니다.

③ ①의 동태와 청양고추, 마늘, 고춧가루를 넣어 다시 한소끔 끓여줍니다.

④ 동태가 익으면 생강술을 넣어 비린맛을 잡아주고 멸치 액젓과 소금으로 간을 한 뒤 대파, 쑥갓을 넣어 완성합니다.

기본 중의 기본
된장찌개

INGREDIENTS

꽃게 … 1/2마리
두부 … 1/3모(100g)
감자 … 1/2개
호박 … 1/4개

양파 … 1/4개
대파 … 1/4개
청양고추 … 1개
된장 … 2큰술

멸치 육수 … 3컵
다진 마늘 … 1작은술
고춧가루 … 1/2큰술
국간장 … 약간

① 두부, 감자, 호박, 양파는 한 입 크기로, 대파는 어슷하게 썹니다. 청양고추는 4등분을 하고, 꽃게는 먹기 좋은 크기로 자릅니다.

② 멸치 육수에 토막 낸 꽃게와 감자를 넣고 가열하다가 끓기 시작하면 된장을 풀어줍니다.
TIP 꽃게 특유의 감칠맛이 실패 없는 된장찌개를 만들어줍니다.

③ 국물이 다시 끓기 시작하면 다진 마늘, 고춧가루와 호박, 양파, 고추를 넣습니다.

④ 채소가 익기 시작하면 끓는 상태에서 두부, 대파를 넣어 마무리하고, 모자라는 간은 국간장으로 조절합니다.

된장 국물과 들깨의 조화
들깨미역국

137

INGREDIENTS

- 마른 미역 …15g
- 마른 표고버섯 …4개(50g)
- 멸치 육수 …7컵
- 된장 …2큰술
- 국간장 …1큰술
- 들깻가루 …4~5큰술
- 들기름 …적당량
- 소금 …약간

① 미역은 불려 물기를 짠 뒤 먹기 좋게 잘라주고, 마른 표고버섯은 불려서 기둥을 떼고 편으로 썰어줍니다.

② 팬을 달궈 들기름을 두르고 미역을 볶다가 표고버섯과 멸치 육수를 넣어 끓입니다.

③ 국물이 끓으면 된장을 체에 밭쳐 덩어리를 풀어주고 한소끔 끓입니다.

④ 국간장으로 간을 하고 들깻가루를 넣어 완성합니다. 모자라는 간은 소금으로 맞춥니다.

추운 겨울에 한 번씩 먹고 싶은
매생이굴국

138

INGREDIENTS

매생이 … 100g
굴 … 1/2컵(100g)
마늘 … 3알

멸치 육수 … 3컵
국간장 … 1큰술
소금 … 약간

① 흐르는 물에 씻어 손질한 매생이는 가위를 이용해 잘라두고, 마늘은 칼등으로 눌러 굵게 으깹니다.

② 굴은 엷은 소금물에 살살 흔들면서 씻어줍니다.
TIP 굴은 뭉개지지 않도록 씻으면서 살에 붙은 껍데기가 있는지 꼼꼼히 체크하세요.

③ 냄비에 멸치 육수를 넣고 끓기 시작하면 매생이와 굴, 마늘을 넣고 국간장으로 간합니다.

④ 한소끔 끓으면 모자라는 간은 소금으로 조절합니다.

밥 비벼 먹으면 진짜 맛있는
멸치강된장

139

INGREDIENTS

멸치(국물용) … 15g
두부 … 1/3모(100g)
호박 … 1/5개
양파 … 1/2개

표고버섯 … 2개
부추 … 약간
물 … 1컵
들기름 … 1큰술

양념
된장 … 4큰술
고춧가루 … 1큰술
찹쌀가루 … 1큰술

① 멸치는 굵게 부수고, 두부, 호박, 표고버섯은 깍둑썰기 하고, 양파, 부추는 잘게 썰어줍니다.
TIP 멸치는 넓은 접시에 담아 전자레인지에 1분 이내로 돌린 뒤 식혀주면 쉽게 부서집니다.

② 팬에 들기름을 두르고 부추와 두부를 뺀 ①의 채소를 넣고 볶다가 된장, 고춧가루, 찹쌀가루를 넣고 가볍게 볶아줍니다.
TIP 찹쌀가루를 넣으면 밥 비벼 먹기 좋을 정도로 강된장이 되직해져요.

③ 물 1컵을 넣고 뚜껑을 닫고 중강불에서 한소끔 끓이다 끓기 시작하면 약불로 줄여 채소가 뭉근히 익을 때까지 끓여줍니다.

④ 두부를 넣고 한 번 더 끓인 뒤 부추를 올려 완성합니다.
TIP 마지막에 꿀을 한 바퀴 두르면 감칠맛이 더해집니다.

입맛 없을 때 간단하게 한 그릇
명란두부탕

140

INGREDIENTS

명란젓 … 150g
두부 … 1/3모(100g)
마늘 … 2알
대파 … 1/5개
홍고추 … 1/3개
멸치 육수 … 3컵
새우젓 … 1작은술

① 두부는 작게 깍둑썰기를 하고, 마늘은 편으로 썰고, 대파도 동그란 모양을 살려 썹니다. 홍고추는 어슷하게 썰어 줍니다.

② 명란은 가위로 먹기 좋게 잘라줍니다.

③ 멸치 육수에 명란을 넣고 끓입니다.

④ 국물이 끓으면 ①의 두부, 마늘, 대파, 홍고추를 넣어 한소끔 끓이고 간은 새우젓으로 조절합니다.

속이 편안한 깔끔한 국
배추된장국

141

INGREDIENTS

쌈배추 잎 … 2~3장
두부 … 1/5모(60g)
멸치 육수 … 2+1/2컵
된장 … 1+1/2큰술
국간장 … 1작은술

① 배추는 가늘게 채 썰고, 두부는 잘게 깍둑썰기 합니다.

② 멸치 육수에 된장을 풀어줍니다.

③ ②에 채 썬 배추를 넣고 한소끔 끓입니다.

④ 두부를 넣은 다음 모자라는 간은 국간장으로 조절해서 완성합니다.

부드러운 목 넘김이 좋은 건강 메뉴
버섯들깨탕

INGREDIENTS

표고버섯 … 3개(50g)
느타리버섯 … 1줌(100g)
국간장 … 1큰술
들기름 … 1큰술

멸치 육수 … 2컵
찹쌀가루 … 2큰술
들깻가루 … 2큰술
소금 … 약간

① 편으로 썬 표고버섯과 결대로 찢은 느타리버섯에 국간장을 넣고 조물조물 무쳐 밑간을 합니다.

② 냄비에 들기름 1큰술을 두르고 버섯을 볶다가 멸치 육수를 넣습니다.

③ 찹쌀가루를 넣고 뭉치지 않게 저어준 뒤 한소끔 끓입니다.

④ 들깻가루를 넣어 다시 한소끔 끓이고, 모자라는 간은 소금으로 조절합니다.

햄이랑 시판 사골 육수만 있으면 뚝딱
부대찌개

143

INGREDIENTS

스팸 통조림 … 1개(200g)
프랑크 소시지 … 4개
두부 … 1/3모(100g)
김치(잘게 썬 것) … 1컵(100g)
양파 … 1/2개
대파 … 1/4개
베이크드 빈스 … 1/2컵

라면 … 1/3개
사골 육수 … 2컵
멸치 육수 … 2컵

양념
고추장 … 1작은술
국간장 … 1+1/2큰술
청주 … 1큰술
다진 마늘 … 1큰술
고춧가루 … 1큰술
후춧가루 … 약간
소금 … 약간

① 햄과 소시지는 0.5cm 두께로 납작하게 썰고, 체에 밭쳐 끓는 물을 부어 한 번 데칩니다.

② 두부는 한 입 크기로 자르고, 김치는 잘게 썹니다. 양파는 채썰기, 대파는 어슷썰기를 합니다.

③ 사골 육수와 멸치 육수를 섞어두고, 볼에 분량의 양념 재료를 넣고 잘 개어주세요.

④ 냄비에 햄, 소시지, 두부, 김치, 양파, 대파를 차곡차곡 빙 둘러가며 담고, ③의 양념과 라면, 베이크드 빈스를 올린 뒤 ③의 육수를 부어 한소끔 끓여 완성합니다.

TIP 양념은 한 번에 준비한 양을 다 넣지 말고 식성에 맞게 조절하세요.

몽글몽글 부드러운
부추달걀국

144

INGREDIENTS

달걀 … 3개
부추 … 1/2줌(20g)
멸치 육수 … 4컵
참기름 … 약간
국간장 … 1작은술
소금 … 1/2작은술
후춧가루 … 약간

① 달걀은 참기름과 소금을 넣어 풀어주고, 부추는 0.5cm 길이로 잘게 썰어줍니다.

② 풀어둔 달걀에 부추를 넣고 섞어줍니다.

③ 냄비에 멸치 육수를 넣고 팔팔 끓으면 ②의 부추달걀물을 천천히 부어 풀어 넣습니다.

④ 한소끔 끓으면 국간장과 소금, 후춧가루로 간을 맞춥니다.

해장국의 대명사
북엇국

145

INGREDIENTS

북어채 … 1줌(50g)
무 … 1/5개(300g)
대파 … 1/2개
홍고추 … 1개
마늘 … 3알
물 … 6컵
국간장 … 1작은술
참기름 … 적당량
멸치 액젓 … 1큰술
소금 … 1작은술

① 북어채는 한 번 물에 헹군 후 살짝 물기를 짜고 국간장을 넣어 조물조물 무쳐 밑간합니다.

② 무는 어슷하게 썰고, 냄비에 참기름을 둘러 북어채와 무를 가볍게 볶아 줍니다.

③ 물을 붓고 끓기 시작하면 중약불로 줄여 뚜껑을 닫고 무가 말갛게 익을 때까지 끓입니다.

④ 어슷하게 썬 대파와 홍고추, 편으로 썬 마늘을 ③에 넣어 한소끔 더 끓인 다음 멸치 액젓을 넣어 간합니다. 모자라는 간은 소금으로 조절합니다.

개운하고 소화도 잘 되는
소고기맑은국

INGREDIENTS

소고기(양지) … 200g
무 … 1/7개(200g)
대파 … 1/4개
다시마(사방 5cm) … 3장

물 … 6컵
참기름 … 1큰술
국간장 … 1/2큰술
소금 … 2작은술

소고기 밑간
다진 마늘 … 1큰술
맛술 … 1큰술
후춧가루 … 약간

① 소고기는 핏물을 뺀 뒤 분량의 재료를 넣어 밑간을 해둡니다. 냄비에 참기름을 두르고 밑간한 소고기를 넣고 볶습니다.

② 고기 겉면이 갈색이 나도록 볶은 다음 한쪽으로 밀어놓고 얇고 네모나게 썬 무도 같이 볶아줍니다.

③ ②에 물 6컵과 다시마 3장을 넣고 끓입니다. 중간에 떠오르는 거품과 기름은 걷어 냅니다.

④ 국간장과 소금으로 간을 맞추고 송송 썬 대파를 띄워 완성합니다.

한 번씩 끓일 일이 생기는
소고기미역국

INGREDIENTS

마른 미역 … 20g	국간장 … 1큰술
소고기(양지) … 300g	다진 마늘 … 2큰술
다시마(사방 5cm) … 3장	참기름 … 1큰술
물 … 8컵	소금 … 2/3큰술

① 소고기는 한 번 끓여 핏물을 뺍니다. 소고기에 새로 물 8컵과 다시마를 넣고 중강불로 가열하다가 끓기 시작하면 뚜껑을 닫은 채 약불로 40여 분간 끓입니다. 끓인 후에는 고기와 다시마를 건져 맑은 육수만 준비합니다.

② 미역은 찬물에 불렸다가 건져두고, ①의 고기는 결대로 찢어 국간장과 다진 마늘을 넣고 무쳐둡니다.

③ 냄비에 참기름을 두르고 미역을 달달 볶다가 ①의 육수를 붓습니다.

④ 국물이 한소끔 끓으면 ②의 양념한 고기를 넣고 소금으로 나머지 간을 맞춥니다.

육수 깔끔하게 내기

소고기 양지는 먼저 찬물에 담가 30분 정도 핏물을 뺀 뒤 다시 찬물에 넣고 끓이다 핏물이 올라올 때 고기만 건져 내 가볍게 씻은 뒤 새로 물을 붓고 육수를 내면 국물이 훨씬 깔끔합니다.

얼큰한 경상도식 소고깃국
소고기얼큰뭇국

148

INGREDIENTS

소고기(양지) … 200g
무 … 1/5개(300g)
숙주 … 2줌(100g)
대파 … 1개
멸치 육수 … 6컵

참기름 … 1큰술
고춧가루 … 1큰술
국간장 … 1큰술
소금 … 1/2큰술

소고기 밑간
다진 마늘 … 1큰술
맛술 … 1큰술
후춧가루 … 약간

① 국거리용 소고기는 키친타월을 깔고 핏물을 뺀 뒤 다진 마늘, 맛술, 후춧가루를 넣고 조물조물 무쳐 밑간을 합니다.

② 냄비에 참기름을 두르고 ①의 소고기를 볶다가 갈색이 나면 어슷하게 썬 무와 고춧가루를 넣고 함께 볶아줍니다.

③ 무의 끝부분이 말간 색이 되면 멸치 육수를 붓습니다.

④ 한소끔 끓고 무가 부드럽게 익으면 다듬은 숙주와 길쭉하게 썬 대파를 넣고 한 번 더 끓입니다. 간은 마지막에 국간장과 소금으로 맞춰주세요.

매콤한 국물이 당길 때
순두부찌개

INGREDIENTS

순두부 … 1봉(350g)
돼지고기(다짐육) … 50g
바지락 … 100g
멸치 육수 … 1+1/2컵

양파 … 1/2개
대파 … 1/2개
마늘 … 3알
달걀 … 1개

고춧가루 … 1큰술
후춧가루 … 약간
소금 … 1작은술
식용유 … 적당량

① 냄비에 기름을 두르고 채 썬 양파, 둥글게 썬 대파, 굵게 으깬 마늘을 넣어 볶다가 한쪽으로 밀어놓고 돼지고기를 넣습니다.

② 돼지고기에 후춧가루를 넣고 볶다가 색이 변하면 고춧가루를 넣어 빨갛게 색을 냅니다.

③ ②에 멸치 육수를 붓고 한소끔 끓입니다. 국물이 끓기 시작하면 바지락을 넣고 소금 1작은술로 간을 합니다.

④ 마지막에 순두부와 달걀을 넣고 한 번 더 끓여 완성합니다.

시래기와 들깨의 구수한 조화
시래기들깨된장국

150

INGREDIENTS

시래기(삶은 것) … 200g
두부 … 1/3모(100g)
대파 … 1/3개
들깻가루 … 3큰술

멸치 육수 … 4컵
된장 … 1큰술
국간장 … 1큰술
다진 마늘 … 1큰술

1. 삶은 시래기는 한 입 길이로 자르고, 두부는 깍둑썰기 하고, 대파는 동그란 모양을 살려 썹니다.
   TIP 시래기는 겉껍질을 벗겨 내고 조리해야 식감이 부드러워요.

2. 시래기의 물기를 짜고 된장, 다진 마늘을 넣어 조물조물 무칩니다.

3. 냄비에 시래기와 멸치 육수를 넣고 한소끔 끓입니다.

4. 들깻가루와 두부, 대파를 넣고 한 번 더 끓인 뒤 모자라는 간은 국간장으로 맞추어 완성합니다.

마른 새우가 들어가야 맛있어요
아욱국

151

INGREDIENTS

아욱 … 200g
마른 새우 … 3/4컵(15g)
대파 … 1/2개
멸치 육수 … 5컵

된장 … 2큰술
국간장 … 1작은술
다진 마늘 … 1/2큰술

① 아욱은 질긴 줄기를 떼어 낸 후 푸른 물이 빠지도록 찬물을 부어 바락바락 주물러 풋내를 뺍니다. 대파는 어슷하게 썰어줍니다.

② 냄비에 멸치 육수와 마른 새우를 넣고 한소끔 끓으면 된장을 체에 밭쳐 풀어줍니다.

③ 아욱과 다진 마늘을 넣고 중강불에서 끓이다 끓어오르면 중약불로 줄여 5분 정도 뭉근하게 끓입니다.

④ 대파를 넣고 모자라는 간은 국간장으로 조절합니다.

우리 집 아침 단골 국
애호박달걀국

152

INGREDIENTS

애호박 … 1/3개	홍고추 … 약간	**양념**	소금 … 1/2작은술
달걀 … 2개	멸치 육수 … 4컵	국간장 … 1/2큰술	
청양고추 … 1/2개	들기름 … 1큰술	다진 마늘 … 1/2큰술	

① 애호박은 채 썰고, 청양고추는 동그란 모양을 살려 썰어 씨를 털어줍니다. 달걀은 소금 2꼬집을 넣어 풀어놓습니다.
TIP 달걀물에 물 1큰술을 넣어 섞으면 훨씬 부드럽게 풀립니다.

② 냄비에 들기름을 두르고 애호박을 볶다가 멸치 육수를 넣습니다.

③ 국물이 끓으면 달걀물을 천천히 조금씩 부어가며 저어줍니다.

④ 고추와 다진 마늘, 국간장을 넣고 모자라는 간은 소금으로 조절합니다. 얇게 썬 홍고추를 고명으로 올려 완성합니다.

찬바람 불 때면 생각나는 국물
어묵탕

153

INGREDIENTS

- 모둠 어묵 … 1봉(200g)
- 유부(네모난 것) … 4장
- 가래떡 … 약간
- 무(두께 1cm) … 1토막(100g)
- 부추 … 4줄기
- 대파 … 1/4개
- 청양고추 … 1개
- 당근 … 약간
- 멸치 육수 … 6컵
- 국간장 … 1큰술
- 후춧가루 … 약간
- 소금 … 약간

① 멸치 육수에 0.5cm 두께로 납작하고 네모지게 썬 무를 넣어 끓이기 시작합니다.

② 네모난 유부는 한 면만 칼집 내서 벌리고 가래떡을 넣은 후 부추로 묶어 유부 주머니를 만듭니다.

③ ①의 육수가 끓기 시작하면 한 입 크기로 썬 어묵을 넣어줍니다.
TIP 어묵은 끓는 물에 넣었다 빼서 기름기를 제거하고 쓰면 더 담백해서 좋습니다.

④ ③에 ②의 유부 주머니와 어슷하게 썬 대파, 청양고추, 당근을 넣고 한소끔 끓인 뒤 국간장으로 간을 합니다. 모자라는 간은 소금으로 조절하고 후춧가루를 뿌려 완성합니다.

부드럽고 가벼운 된장국
얼갈이된장국

154

INGREDIENTS

얼갈이배추(데친 것) … 100g
두부 … 1/5모(60g)
대파 … 1/4개
홍고추 … 1/3개

멸치 육수 … 5컵
된장 … 1+1/2큰술
국간장 … 1작은술

① 두부는 깍둑썰기 하고, 대파와 홍고추는 동그란 모양을 살려 송송 썰어줍니다.

② 멸치 육수가 끓으면 된장을 체에 받쳐 풀어줍니다.

③ 데친 얼갈이배추를 ②에 넣습니다.
TIP 얼갈이배추는 단으로 구입해야 해서 양이 많은데, 이때 한꺼번에 데쳐 1회분씩 소분해 냉동 보관하면 편리합니다.(나물 데치는 법 28쪽 참조)

④ 끓기 시작하면 두부와 대파, 홍고추를 넣고, 모자라는 간은 국간장을 넣어 조절합니다.

새콤함 대신 깔끔한 맛으로 즐기는
오이냉국

155

INGREDIENTS

오이 … 1개
홍고추 … 1/3개
깨(간 것) … 2작은술
참기름 … 약간

다시마 육수
다시마(사방 5cm) … 2장
물 … 1+1/2컵

양념
다진 마늘 … 1작은술
국간장 … 1작은술
소금 … 1작은술

① 생수에 다시마를 넣어 2시간 정도 우립니다.
TIP 냉장실에서 우려내면 시원하게 먹을 수 있어 더 좋아요.

② 오이와 홍고추는 가늘게 채 썰어줍니다.

③ 채 썬 오이와 홍고추에 다진 마늘과 국간장, 소금을 넣고 무칩니다.

④ ①의 다시마 육수를 ③에 붓고 참기름 약간과 깨 간 것을 넣어 완성합니다.
TIP 새콤달콤한 맛을 원한다면 식초와 설탕을 넣어주세요.

칼칼하고 시원한
오징어뭇국

156

INGREDIENTS

오징어(대) … 1마리
무(두께 3cm) … 1토막(200g)
마늘 … 3알
대파 … 1/2개
멸치 육수 … 4컵
고춧가루 … 1T
국간장 … 1큰술
소금 … 약간

① 오징어는 1cm 두께로 한 입 크기로 썰고, 무는 사방 3cm, 두께 0.5cm로 얇게 썹니다. 마늘은 칼등으로 으깨고, 대파는 어슷하게 썰어줍니다.

② 냄비에 멸치 육수와 무를 넣은 뒤 무가 살캉하게 익을 만큼 뚜껑을 닫고 끓입니다.
TIP 무가 얇아서 금방 익어요.

③ ②에 오징어와 고춧가루, 으깬 마늘을 넣고 한소끔 끓여줍니다.

④ 국간장으로 간을 하고 모자라는 간은 소금으로 조절한 뒤 대파를 넣어 완성합니다.

조개가 알아서 다 하는 요리
조개탕

157

INGREDIENTS

동죽 … 300g	다시마(사방 5cm) … 1장
대파 … 1/3개	물 … 5컵
청양고추 … 1개	후춧가루 … 약간
마늘 … 3알	소금 … 약간

① 동죽은 옅은 소금물(물 1L + 소금 2큰술)에 담그고 까만 비닐로 덮어 2~3시간 해감을 합니다.
TIP 동죽 대신 모시조개나 백합을 사용해도 좋습니다.

② 대파와 청양고추는 큼직하게 어슷썰기 하고, 마늘은 굵게 으깨어줍니다.
TIP 다진 마늘을 넣으면 국물이 지저분해지므로 통마늘을 칼등으로 힘껏 눌러 으깨어 사용해보세요.

③ 냄비에 물 5컵과 다시마, 해감한 조개를 넣고 조개의 입이 벌어질 때까지 끓입니다. 중간에 생기는 거품은 걷어냅니다.

④ 대파, 청양고추, 마늘을 넣고 한소끔 더 끓여 완성합니다. 모자라는 간은 소금으로 조절하는데, 식성에 따라 후춧가루를 뿌려도 좋습니다.

누가 끓여도 기본 맛 보장
참치김치찌개

158

INGREDIENTS

참치 통조림 … 1개(150g)
김치 … 1/5포기(200g)
두부 … 1/3모(100g)
대파 … 1/4개

홍고추 … 1개
멸치 육수 … 4컵
김치 국물 … 1/2컵
고춧가루 … 1/2큰술

소금 … 약간
식용유 … 적당량

① 김치는 소를 털어 내고 한 입 크기로 썰어줍니다. 참치 통조림은 국물을 버리고, 두부는 깍둑썰기를 하고, 대파와 홍고추는 어슷하게 썹니다.

② 냄비에 기름을 두르고 ①의 김치와 고춧가루를 넣어 볶다가 멸치 육수를 넣어줍니다.

③ 끓기 시작하면 김치 국물을 넣습니다.

④ 참치와 두부, 대파, 홍고추를 넣어 한소끔 끓이고 모자라는 간은 소금으로 조절합니다.

한 번씩 꼭 먹고 싶어지는
청국장

INGREDIENTS

- 청국장 … 150g
- 된장 … 1큰술
- 두부 … 1/3모(100g)
- 신김치 … 100g
- 무(1cm 두께) … 1토막(100g)
- 양파 … 1/4개
- 대파 … 1/4개
- 홍고추 … 1/4개
- 멸치 육수 … 1컵
- 국간장 … 1작은술

① 두부는 한 입 크기로 썰어줍니다. 신김치는 소를 털어 낸 뒤 잘게 썰고, 무와 양파는 잘게 깍둑썰기 하고, 대파는 동그란 모양을 살려 썹니다.

② 분량의 멸치 육수에 ①의 신김치, 무, 양파를 넣은 다음 무가 완전히 익을 때까지 뚜껑을 닫고 뭉근하게 익혀줍니다.

③ 청국장과 된장을 넣고 다시 중약불에서 끓입니다.
TIP 청국장만 넣는 것보다 된장을 조금 섞어주면 간도 되고 깊은 맛이 나요.

④ 두부를 넣고 한 번 더 끓인 뒤 모자라는 간은 국간장으로 조절하고, 대파와 어슷하게 썬 홍고추를 올려 완성합니다.

무를 넣어 한층 더 시원한 국물
콩나물뭇국

INGREDIENTS

콩나물 … 200g
무(1cm 두께) … 1토막(100g)
마늘 … 5알
대파 … 1/2개
홍고추 … 1/2개
멸치 육수 … 5컵
새우젓 … 1큰술
소금 … 약간

① 콩나물은 씻어 물기를 빼고, 무는 가늘게 채 썰고, 마늘은 칼등으로 눌러 굵게 으깨고, 대파와 홍고추는 어슷하게 썰어 준비합니다.

② 냄비에 멸치 육수를 붓고 으깬 마늘과 무를 넣어 한소끔 끓입니다.

③ 콩나물을 넣고 다시 한소끔 끓여줍니다.

④ 새우젓으로 간을 하고 모자라는 간은 소금으로 한 뒤 대파와 홍고추를 띄워 완성합니다.

보슬보슬 부드러운 맛
콩비지찌개

INGREDIENTS

- 콩비지(또는 불린 콩 간 것) … 1컵
- 김치 … 1/5포기(200g)
- 돼지고기(목살) … 100g
- 대파 … 1/5개
- 홍고추 … 1/2개
- 멸치 육수 … 2컵
- 국간장 … 1작은술
- 소금 … 약간
- 식용유 … 적당량

① 달군 팬에 기름을 두르고 한 입 크기로 썬 돼지고기, 잘게 썬 김치 순서로 넣어 볶습니다.

② ①에 멸치 육수를 넣어줍니다.

③ 국물이 끓기 시작하면 콩비지나 콩 간 것을 넣습니다.

④ 약불로 뭉근히 익히다 어슷하게 썬 대파와 홍고추를 넣고 간은 국간장과 소금으로 조절하여 마무리합니다.

집에서 콩비지찌개용 콩물 만들기

메주콩을 하룻밤 불려 껍질을 벗긴 뒤, 약간의 물과 함께 믹서에 갈면 진한 찌개용 콩물이 됩니다.

대파가 어우러져 더 맛있는
파육개장

162

INGREDIENTS

소고기(양지) … 300g
대파 … 2개
마늘 … 6알
국간장 … 1큰술

고춧가루 … 2큰술
소금 … 1큰술
식용유 … 적당량

육수
물 … 8컵
양파 … 1/2개
생강(편) … 2쪽

통후추 … 1작은술
다시마(사방 5cm) … 3장

① 고기는 한 번 끓여 핏물을 뺀 다음 새로 물 8컵을 포함한 육수 재료를 모두 넣고 중강불로 가열합니다. 끓기 시작하면 중약불로 줄여 40여 분간 뚜껑을 닫고 뭉근히 끓입니다.

② 육수의 건더기를 건져 낸 다음 고기만 결대로 찢어 국간장을 넣고 무칩니다. 국물에 뜬 기름은 걷어줍니다.
TIP 고기는 한김 식혀야 절대로 결대로 잘 찢어집니다.

③ 달군 팬에 기름을 두르고 길쭉하게 썬 대파와 으깬 마늘을 넣고 볶다가 고춧가루를 넣어 즉석 파기름을 만듭니다.

④ 대파에 고춧가루 색이 물들면 ②의 육수를 넣어 가열합니다. 국물이 끓기 시작하면 ②의 양념한 고기를 넣고 한소끔 끓인 뒤 국간장과 소금을 넣어 간을 맞춥니다.

면만 넣으면 바로 짬뽕
홍합탕

163

INGREDIENTS

홍합 … 300g	목이버섯 … 3장	국간장 … 1작은술
오징어 … 1마리	물 … 5컵	소금 … 약간
양파 … 1/2개	다진 마늘 … 1큰술	식용유 … 적당량
대파 … 1/2개	고춧가루 … 1+1/2큰술	
청양고추 … 1개	후춧가루 … 약간	

① 홍합은 겉의 수염을 떼어 낸 다음 물 5컵을 붓고 한 번 끓여 국물을 따로 받아두고, 살점이 붙어 있지 않은 쪽의 껍데기는 떼어버립니다.

② 달군 팬에 기름을 넉넉히 두르고 채 썬 양파와 길쭉하게 썬 대파, 어슷하게 썬 고추, 다진 마늘을 넣고 볶다가 고춧가루와 후춧가루를 넣어 즉석 고추기름을 만듭니다. 채소에 고춧가루가 전체적으로 묻으면 한 입 크기로 썬 목이버섯을 넣고 한 번 더 뒤섞으며 볶습니다.

③ ②에 덜어놓은 홍합 국물을 넣고 한소끔 끓입니다.

④ 홍합과 한 입 크기로 적당히 썬 오징어를 넣고 다시 한소끔 끓으면 국간장으로 간하고 모자라는 간은 소금으로 조절합니다.

TIP 홍합 자체의 염분이 있으니 국물 맛을 본 뒤 간을 조절하세요.

강판에 갈아야 더 맛있는
감자전

INGREDIENTS

감자 … 2개
청양고추 … 1개
당근 … 약간
소금 … 1/4작은술
식용유 … 적당량

① 감자는 강판에 갈고, 청양고추와 당근은 잘게 다집니다.
TIP 믹서보다 강판에 갈아야 식감이 더 쫀득합니다.

② 간 감자는 체에 밭쳐 수분을 빼는데 이때 아래에 볼을 놓아 국물을 받아둡니다. 국물을 5분 정도 놓아두면 앙금이 가라앉는데 이 앙금만 따로 준비합니다.
TIP 체에 밭친 감자의 수분을 눌러 짜면 전이 퍽퍽해져요.

③ 감자 건더기에 ②의 앙금, 다진 청양고추와 당근, 소금 1/4작은술을 넣고 고루 섞어 부침 반죽을 만듭니다.

④ 팬을 달궈 기름을 두르고 반죽을 1순가락씩 적당히 떠서 펼친 뒤 앞뒤로 노릇하게 구워 완성합니다.

입안에 가득 퍼지는 바다 향
굴전

INGREDIENTS

굴 … 300g
부침가루 … 2큰술
달걀 … 1개
소금 … 약간
식용유 … 약간

① 굴은 체에 받쳐 옅은 소금물에 가볍게 흔들어가며 헹군 다음 물기를 빼둡니다.
TIP 잔여 껍데기가 있는지 꼭 확인한 후 제거해주세요.

② 달걀물이 잘 입혀지도록 굴에 부침가루를 가볍게 묻힙니다.

③ 달걀에 소금 1꼬집을 넣고 풀어 달걀물을 만든 뒤 ②의 굴에 달걀물을 입힙니다.

④ 팬을 달궈 기름을 두르고 ③의 굴을 앞뒤로 노릇하게 구워 완성합니다.

풋풋한 향이 일품인
깻잎부추전

INGREDIENTS

깻잎 ⋯ 10장
부추 ⋯ 1/2줌(20g)
마른 새우 ⋯ 1/2컵(10g)
물 ⋯ 2/3컵
부침가루 ⋯ 2/3컵
식용유 ⋯ 적당량

① 깻잎과 부추는 한 입 크기로 송송 썰고, 마른 새우는 블렌더로 갈아줍니다.

② ①의 간 새우와 물, 부침가루를 섞어 반죽을 만듭니다.
TIP 새우와 부침가루에 간이 되어 있어 따로 소금을 넣지 않아도 됩니다.

③ 반죽이 고루 섞어지면 깻잎과 부추를 넣고 한 번 더 고루 섞습니다.

④ 달군 팬에 기름을 두르고 반죽을 1순가락씩 떠서 올려 앞뒤로 노릇하게 구워 냅니다.

녹두와 돼지고기의 고소한 조화
녹두빈대떡

167

INGREDIENTS

거피 녹두 … 1컵(불리기 전)
돼지고기(다짐육) … 100g
숙주 … 1줌(100g)
신김치 … 50g
물 … 1/2컵
소금 … 1작은술
식용유 … 적당량

돼지고기 밑간
맛술 … 1작은술
후춧가루 … 약간
소금 … 약간

① 녹두는 하룻밤 불려 껍질을 대충 제거하고 물기를 뺀 다음 믹서에 물 1/2컵과 녹두를 넣고 갈아줍니다.
TIP 녹두를 씻은 다음 충분한 양의 물에 녹두를 담가 불려요. 녹두가 충분히 불려지면 그 물을 이용해 살살 비벼가며 잔여 껍질을 벗겨주면 좋아요.

② 돼지고기 다짐육은 맛술, 후춧가루, 소금으로 밑간하고, 신김치는 양념을 헹궈 물기를 꼭 짠 뒤 숙주와 함께 잘 다집니다.
TIP 신김치는 줄기 부분을 썰어 넣어야 식감이 좋아요.

③ ①의 녹두에 ②의 돼지고기와 신김치, 숙주를 넣고 소금 1작은술로 간을 합니다.
TIP 반죽이 너무 묽으면 부침가루 1~2큰술을 넣어 농도를 조절해주세요. 반죽을 국자로 떴을 때 묵직하게 뚝뚝 떨어지는 정도가 좋아요.

④ 팬을 달궈 기름을 넉넉히 두른 다음 중불에서 반죽을 적당한 크기로 떠 넣고 앞뒤로 부쳐 냅니다.
TIP 녹두전은 다른 전보다 기름을 많이 싶을 정도로 넉넉하게 붓고 앞뒤로 한 번씩만 도톰하게 부쳐야 맛있어요.

다이어트 할 때 많이 찾는
도토리묵국수

INGREDIENTS

- 도토리묵 … 1모(500g)
- 김치 … 3줄기
- 김(도시락용 조미김) … 5장
- 쪽파 … 1줄기
- 멸치 육수 … 2+1/2컵
- 국간장 … 2작은술
- 소금 … 약간
- 통깨 … 약간

① 김치는 가늘게 채 썰고, 김은 잘게 부숩니다.

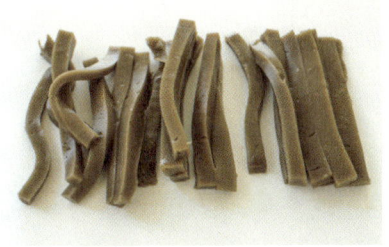

② 도토리묵은 0.5cm 두께로 길게 채 썰어줍니다.

③ 멸치 육수를 끓여 도토리묵을 먼저 데쳐 내고, 국간장과 소금으로 간을 맞춥니다.

TIP 여름에는 육수를 식혀 차게 먹어도 좋아요.

④ 그릇에 도토리묵을 담고 김치와 송송 썬 쪽파를 올린 뒤 멸치 육수를 부어줍니다. 김가루와 통깨를 뿌려 완성합니다.

명절 아니라도 맛있는
동태전

169

INGREDIENTS

동태포(냉동) … 300g
달걀 … 2개
밀가루 … 1/2컵
후춧가루 … 약간
소금 … 약간
식용유 … 적당량

① 냉동 동태포는 실온에서 해동한 뒤 키친타월이나 면보로 물기를 닦아줍니다.

② 동태포에 소금과 후춧가루를 솔솔 뿌려 밑간합니다.

③ 달걀을 풀어 달걀물을 만든 다음 동태포에 밀가루, 달걀물 순으로 부침옷을 입힙니다.

④ 달군 팬에 기름을 넉넉하게 두르고 동태전을 앞뒤로 노릇하게 부쳐 냅니다.

밀가루 라면 대신 쌀떡으로 만든 한 그릇
떡국

INGREDIENTS

떡국떡 … 200g
달걀 … 1개
대파 … 1/4개
멸치 육수 … 2+1/2컵

다진 마늘 … 1작은술
국간장 … 2작은술
소금 … 약간

① 달걀은 소금 1꼬집을 넣어 풀어서 달걀물을 만들어두고, 대파는 동그란 모양을 살려 잘게 송송 썹니다.

② 멸치 육수에 떡국떡을 넣고 끓입니다.

③ 국물이 끓기 시작하면 다진 마늘을 넣고 달걀물을 천천히 부어줍니다.

④ 국간장과 소금으로 간하고 대파를 넣어 완성합니다.

입 안에서 쫀득쫀득
바지락수제비

INGREDIENTS

바지락 … 200g
감자 … 1개
호박 … 1/2개
마늘 … 3알
대파 … 1/3개

당근 … 약간
멸치 육수 … 6컵
국간장 … 1큰술
소금 … 1작은술

수제비 반죽
밀가루(중력분) … 1컵
물 … 1/3컵
소금 … 1/4작은술

① 수제비 반죽 재료를 한데 넣고 고루 섞어 날가루가 보이지 않을 때까지 반죽을 치댄 후 위생 비닐에 넣은 채 냉장실에서 30여 분 숙성시킵니다.

② 감자, 호박, 당근은 도톰하게 반달썰기 하고, 마늘은 굵게 으깨고, 대파는 어슷하게 썹니다. 바지락은 해감을 해 둡니다.

③ 멸치 육수에 감자, 당근, 마늘을 넣고 가열하다 끓기 시작하면 호박을 넣고 냉장고에서 숙성시킨 반죽을 얇게 떠 넣습니다. 끝으로 바지락을 넣어줍니다.

TIP 손에 식용유를 묻히고 반죽을 떼면 달라붙지 않아요.

④ 수제비 반죽이 떠오르기 시작하면 국간장과 소금을 넣어 간을 맞추고 대파를 넣어 1분 정도 더 끓입니다.

심심한데 자꾸 손이 가는
배추전

INGREDIENTS

배추 잎 … 10장
부침가루 … 2큰술
식용유 … 적당량

부침 반죽
부침가루 … 1/2컵
물 … 1/2컵

① 배추는 흐르는 물에 씻어 물기를 완전히 제거한 뒤 가는 체를 이용해 부침가루를 가볍게 뿌려줍니다.
TIP 배추 줄기 부분이 곡선 모양이면 칼집을 조금 내어 평평하게 모양을 잡아줘야 팬에 달라붙어 이쁘게 부쳐져요. 쌈배추를 사용하면 잎 크기가 적당해서 더 예쁘게 부칠 수 있습니다.

② 부침가루와 물을 동량으로 섞어 부침 반죽을 준비합니다.

③ ①의 배추에 부침 반죽을 묻혀줍니다.
TIP 반죽물을 가볍게 털어줘야 부침옷이 덩어리지지 않고 얇게 부쳐집니다.

④ 팬을 달궈 기름을 두르고 ③의 배추를 앞뒤로 노릇하게 구워 냅니다.

입맛 없을 때 휘리릭
비빔국수

INGREDIENTS

소면 … 100g
오이 … 1/3개
상추 … 적당량
달걀(삶은 것) … 1개
참기름 … 약간

양념장
고추장 … 3큰술
간장 … 1작은술
식초 … 1큰술
매실액 … 2큰술
다진 마늘 … 1작은술
고춧가루 … 1작은술
통깨 … 1큰술
설탕 … 1작은술

① 양념장은 분량의 재료를 섞어 미리 만들어둡니다.
TIP 양념장은 비빔국수 2인분 양이에요.

② 오이는 가늘게 채 썰고, 상추는 한 입 크기로 썰어 찬물에 담갔다 물기를 빼서 준비합니다.

③ 끓는 물에 소면을 넣고 끓어오르면 찬물을 조금씩 넣는 것을 2회 정도 반복하여 국수를 삶은 다음 찬물에 헹구어 물을 뺍니다.
TIP 중간에 붓는 찬물은 끓어넘치는 거품을 가라앉히는 정도의 적은 양이에요. 많이 부으면 물의 온도가 내려가서 면이 더디게 익을 수 있어요.

④ 국수를 양념장에 버무리고 오이와 상추, 삶은 달걀을 고명으로 올린 뒤 참기름을 뿌려 완성합니다.

애호박과 양파의 달콤한 맛이 매력 있는
애호박양파전

INGREDIENTS

애호박 … 1/2개
양파 … 1/3개
달걀 … 1개
부침가루 … 3큰술
소금 … 약간
식용유 … 적당량

① 애호박과 양파는 0.5cm 두께로 채 썰어줍니다.

② 볼에 ①의 재료를 담은 뒤 소금 1~2꼬집과 부침가루를 넣고 뒤섞어서 골고루 묻혀줍니다.

③ ②의 재료에 달걀을 잘 섞어줍니다.
TIP 달걀물이 고루 묻지 않으면 물 1큰술을 넣어 섞어줘도 좋아요.

④ 팬을 달궈 기름을 두르고 ③의 재료를 부어 앞뒤로 노릇하게 구워줍니다.

청양고추로 만드는 별미
어묵땡초전

175

INGREDIENTS

- 어묵(원통 모양) … 3개
- 청양고추 … 3개
- 게맛살 … 2줄
- 달걀 … 1개
- 밀가루 … 1큰술
- 소금 … 약간
- 식용유 … 적당량

① 어묵은 끓는 물에 가볍게 데칩니다. 고추는 양 끝을 자르고 가운데 길게 칼집을 내서 씨를 털어 낸 다음 속에 게맛살을 끼워 넣습니다.
TIP 게맛살이 두꺼우면 반으로 찢어서 넣어요.

② 어묵의 구멍에 게맛살 넣은 고추를 끼워 넣은 다음 어슷하게 썰어줍니다.

③ 달걀을 풀어 달걀물을 만듭니다. ②의 어묵에 밀가루를 솔솔 뿌린 다음 달걀물을 입힙니다.

④ 기름 두른 팬에 어묵을 노릇하게 구워 냅니다.

라면보다 시원하고 깔끔한 국물 맛
잔치국수

INGREDIENTS

소면 … 100g
자투리 채소(양파, 호박, 당근) … 100g
멸치 육수 … 2+1/2컵
국간장 … 2작은술
참기름 … 1작은술

통깨 … 약간
소금 … 약간

① 깊은 냄비에 국수가 충분히 잠길 정도의 물을 붓고 끓으면 소면을 삶습니다.

② 소면이 투명하고 말간 색을 띠면 소면을 찬물에 넣어 행군 뒤 물기를 빼줍니다.

③ 멸치 육수에 길게 채 썬 양파, 호박, 당근을 넣고 가열하다가 끓기 시작하면 국간장으로 간을 합니다.
TIP 멸치 육수는 육수 코인, 다시 팩 등을 이용해 간단히 만들 수 있어요.

④ ②의 소면을 그릇에 담고 ③의 국물과 채소를 부은 다음 식성에 따라 참기름과 통깨를 뿌려 완성합니다. 모자라는 간은 소금으로 조절합니다.

모둠 해물로 푸짐하게
해물볶음우동

177

INGREDIENTS

우동 면 … 2개
모둠 해물(냉동) … 2컵(300g)
양배추잎 … 2장
양파 … 1/4개
대파 … 1/5개
마늘 … 2알

참기름 … 1큰술
통깨 … 1작은술
식용유 … 적당량

양념
두반장 … 1큰술
굴소스 … 1작은술
토마토케첩 … 1+1/2큰술
맛술 … 1큰술
후춧가루 … 약간

① 냉동 모둠 해물은 해동하고, 양배추는 한 입 크기로, 양파는 채, 대파는 어슷하게 썰어둡니다. 마늘은 굵게 으깨고, 양념은 분량의 재료를 섞어 준비합니다. 우동 면은 끓는 물에 넣고 풀어지면 찬물에 헹궈 물기를 빼둡니다.

② 달군 팬에 기름을 두르고 ①의 채소를 볶다 해산물을 넣고 함께 볶습니다.

③ 볶던 재료를 한쪽으로 밀어놓고 우동 면을 넣은 다음 ①의 섞어둔 양념을 넣고 면과 재료가 고루 섞이도록 볶습니다.

④ 참기름과 통깨를 넣고 버무려서 완성합니다.

반죽이 묽어야 더 맛있는
해물파전

INGREDIENTS

쪽파 … 100g
오징어 … 1/2마리
새우 살 … 100g
조갯살 … 50g
식용유 … 적당량

부침 반죽
부침가루 … 2/3컵
물 … 2/3컵
달걀 … 1개

① 쪽파는 5cm 길이로 자르고 잎보다 두꺼운 뿌리 부분은 가운데 칼집을 내어 줍니다.

② 오징어는 길게 채 썰고, 새우 살과 조갯살은 숭덩숭덩 썹니다.

③ 부침가루와 물, 달걀을 섞어 부침 반죽을 만듭니다. 반죽이 곱게 풀어지면 손질해둔 쪽파와 해물을 넣고 고루 섞습니다.
TIP 부침가루에 간이 되어 있으니 따로 소금 간을 하지 않아도 돼요.

④ 팬을 달궈 기름을 넉넉히 두르고 ③의 반죽을 1국자씩 부어 펼친 다음 앞뒤로 구워 냅니다.
TIP 반죽이 묽기 때문에 뒤집기 전 윗면에 반죽만 조금 더 올린 뒤 뒤집어주세요.

분홍 소시지 대신 건강한 당근을 넣은
호박당근전

179

INGREDIENTS

호박 … 1/2개   달걀 … 1개
당근 … 1/5개   소금 … 약간
부침가루 … 2큰술   식용유 … 적당량

① 호박과 당근은 0.5cm 두께로 썰어줍니다.

② 호박에 소금을 조금 뿌려 밑간을 하고 10분 정도 지난 후 겉면의 물기를 키친타월로 닦아 냅니다. 당근은 끓는 물에 1/3 정도 익도록 살짝 데칩니다.

TIP 당근을 데쳐서 사용하면 색감도 예쁘고 호박과 익는 시간도 비슷해져요.

③ 달걀에 소금 1꼬집을 넣고 풀어서 달걀물을 만들어둡니다. 위생 비닐에 밀가루를 넣고 호박과 당근을 넣어 부침가루옷을 입힌 다음 달걀물을 입힙니다.

④ 달군 팬에 기름을 두르고 ③의 호박과 당근을 앞뒤로 노릇하게 부쳐 냅니다.

여름의 맛
고구마줄기김치

180

INGREDIENTS

고구마 줄기 … 600g
양파 … 1개
쪽파 … 50g
통깨 … 1큰술

절임물
물 … 4컵
소금 … 4큰술

양념
찬밥 … 2큰술
홍고추 … 2개
마늘 … 5알
멸치 액젓 … 3큰술
매실액 … 1큰술
고춧가루 … 1큰술

① 껍질을 벗긴 고구마 줄기를 절임물에 넣고 20~30분간 절인 뒤 물에 한 번 헹군 다음 체에 밭쳐 물기를 뺍니다.
TIP 고구마 줄기를 손으로 구부려봤을 때 쉽게 휘어지면 잘 절여진 상태입니다.

② 양파는 가늘게 채 썰고, 쪽파는 5cm 길이로, 홍고추는 숭덩숭덩 썰어줍니다.

③ 믹서에 ②의 홍고추와 나머지 양념 재료를 모두 넣고 갈아줍니다.
TIP 찹쌀풀 대신 찬밥을 사용할 때는 밥알이 보이지 않도록 곱게 갈아줍니다.

④ 볼에 고구마 줄기, 양파, 쪽파, ③의 양념을 넣어 골고루 버무리고 통깨를 뿌립니다. 실온에서 반나절 숙성시킨 다음 냉장 보관 합니다.

익을수록 깊은 맛
깍두기

181

INGREDIENTS

무 … 1개(1.5kg)
쪽파 … 1/2줌(20g)
고춧가루 … 4큰술

무 밑간
설탕 … 1큰술
소금 … 2큰술

양념
찹쌀풀 … 5큰술
새우젓 … 1큰술
멸치 액젓 … 2큰술

생강즙 … 1작은술
다진 마늘 … 1큰술

① 무는 1.5cm 두께로 깍둑썰기를 해 설탕과 소금을 넣고 30여 분 절인 뒤 체에 밭쳐 물기를 빼둡니다.
TIP 무가 맛있는 겨울철에는 소금으로만 절여도 OK.

② ①의 무에 고춧가루를 넣고 버무려 빨갛게 물들이고, 분량의 양념 재료를 섞어 양념을 만들어둡니다.

③ 무에 물이 들면 ②의 양념을 부어줍니다.

④ ③에 1.5cm 길이로 썬 쪽파를 넣어 한 번 더 버무립니다.
TIP 실온에서 하루 정도 숙성시킨 뒤 냉장 보관 하세요.

찹쌀풀 만들기

찬물 1/2컵에 찹쌀가루 1큰술을 넣어 기포가 생길 때까지 저어가며 끓이면 찹쌀풀이 완성됩니다.

바로 먹어도, 뒀다 먹어도 맛있는
깻잎김치

INGREDIENTS

깻잎 … 50장(100g)
양파 … 1/2개
당근 … 약간
청양고추 … 1개

양념
간장 … 1큰술
멸치 액젓 … 2큰술
매실액 … 1큰술

들기름 … 1큰술
물 … 3큰술
다진 마늘 … 1큰술
고춧가루 … 2+1/2큰술

통깨 … 1큰술

① 깻잎은 씻은 다음 물기를 최대한 빼줍니다.

② 양파와 당근은 얇게 채 썰고, 청양고추는 다집니다.

③ 볼에 분량의 양념 재료를 넣어 섞은 다음 ②의 양파와 당근, 청양고추를 넣어 섞습니다.

④ 넓은 바트에 깻잎을 펴고, 3~4장마다 양념을 올리기를 반복해서 마무리합니다.

TIP 깻잎 위에 무거운 접시를 올려 눌러주면 양념이 더 빠르고 고르게 뱁니다.

더운 여름날, 뜨거운 국 대신
나박김치

183

INGREDIENTS

무 … 1/2개(700g)
쌈배추 … 1/4개(100g)
쪽파 … 1/2줌(20g)
오이 … 1/3개
소금(절임용) … 1큰술

국물
배 … 1/2개
양파 … 1/2개
마늘 … 5알

김치 국물
물 … 10컵
고춧가루 … 3큰술
생강즙 … 1작은술
멸치 액젓 … 1큰술

소금 … 1+1/2큰술
설탕 … 1큰술

① 무와 쌈배추는 사방 2~3cm 크기로 납작하게 썰어 소금 1큰술을 뿌려 뒤섞고 30여 분 정도 살짝 숨을 죽인 다음 물기를 빼둡니다.

② 국물로 쓸 배, 양파, 마늘은 믹서나 착즙기를 이용해 맑은 즙만 받아둡니다.

③ 김치 국물을 만드는데, 볼에 물 10컵을 붓고 고춧가루 3큰술을 넣은 면보를 담가 국물에 색을 낸 다음 면보를 건져 내고 생강즙, 멸치 액젓, 소금, 설탕과 ②의 국물을 넣어 섞습니다.

④ ①의 무와 배추에 ③의 국물을 부어 실온에서 하루 정도 숙성시킵니다. 실온 숙성 후 3~4cm 길이로 썬 쪽파, 0.5cm 두께로 저민 오이를 넣어 완성합니다.

TIP 계절마다 숙성 시간이 다른데, 실온에 뒀다가 김치 국물에 거품이 뽀글뽀글 생기면 냉장고에 넣고 2~3일 더 숙성시켜 먹으면 맛있어요. 쪽파와 오이는 김치가 익고 나서 냉장고에 보관하기 전에 넣어줍니다.

충무김밥과 찰떡궁합
무김치

INGREDIENTS

무 … 1/5개(300g)
쪽파 … 1줄기
통깨 … 약간

절임
설탕 … 2큰술
식초 … 2큰술
소금 … 1/2큰술

양념
새우젓 … 1작은술
멸치 액젓 … 1작은술
매실액 … 1큰술

다진 파 … 1큰술
다진 마늘 … 1작은술
고춧가루 … 1큰술

① 무는 어슷하게 한 입 크기로 썰고 비닐 봉투에 절임 재료와 함께 넣어 설탕과 소금이 녹도록 흔들어준 다음 공기를 빼고 묶어 하룻밤 절입니다.

② 무가 부드럽게 휘어질 정도로 적당히 절여지면 체에 밭쳐 물기를 빼줍니다.

③ 절인 무에 분량의 재료를 섞어 미리 만들어둔 양념과 숭덩숭덩 썬 쪽파를 함께 넣습니다.

④ 양념이 고루 배도록 무친 다음 먹기 전 통깨를 뿌려 완성합니다.

김치 담그기 도전은 겉절이부터
배추겉절이

185

INGREDIENTS

배추(중) … 1포기(1kg 이내)
부추 … 1줌(50g)
쪽파 … 5줄기
통깨 … 1큰술

절임물
물 … 5컵
소금 … 1/2컵

찹쌀풀
물 … 1/2컵
찹쌀가루 … 1큰술

양념
멸치 액젓 … 3큰술
매실액 … 2큰술
생강즙 … 1작은술
다진 마늘 … 2큰술
고춧가루 … 2/3컵
소금 … 조금

① 김장용 비닐에 한 입 크기로 썬 배추와 분량의 재료로 만든 절임물을 넣고 1~2시간 내외로 절입니다.
TIP 김장용 비닐을 이용하면 적은 소금물로도 압축해가며 고루 절일 수 있어요. 계절에 따라 절이는 시간이 달라지는데, 단단한 줄기가 살짝 휘는 정도가 적당해요.

② 볼에 찹쌀풀과 양념 재료를 넣어 개어 두고, 부추와 쪽파는 7cm 길이로 썰어 준비합니다.

③ ①의 절인 배추를 물에 헹군 후 체에 밭쳐 물기를 빼고 ②의 양념을 넣습니다.

④ 배추를 양념에 고루 버무린 다음 부추와 쪽파를 넣어 다시 버무리고 통깨를 넣어 마무리합니다. 모자라는 간은 소금으로 조절합니다.

찹쌀풀 전자레인지로 만드는 법

물 1컵과 찹쌀가루 1+1/2큰술을 잘 섞은 다음 전자레인지에 넣고 30초 돌린 후 꺼내 덩어리지지 않게 저어주기를 3회 반복하면서 총 1분 30초 동안 돌려줍니다.

어렵지 않게 금방 만드는
배추백김치

INGREDIENTS

쌈배추 … 1개(1kg 이내)
쪽파 … 4줄기
청양고추 … 3개
홍고추 … 1개
당근 … 약간
물 … 2~3컵
멸치 액젓 … 2큰술

생강즙 … 1작은술
설탕 … 1큰술
소금 … 1작은술

절임물
물 … 5컵
소금 … 1/2컵

찹쌀풀
물 … 1컵
찹쌀가루 … 1+1/2큰술

맛내기 국물용 채소
양파 … 1/2개
배 … 1/4개
무 … 1/4개(400g)
마늘 … 6알

① 쌈배추는 길이로 4등분해 분량의 재료로 만든 절임물에 2시간 이내로 절인 뒤 물에 한 번 헹궈 물기를 뺍니다.

② 쪽파는 길이 5cm로 썰고, 청양고추는 칼집만 내고, 홍고추와 당근은 가늘게 채 썹니다.

③ 양파, 배, 무, 마늘을 갈아 만든 즙과 찹쌀풀을 섞고 물을 부어 총 700mL 국물 용량을 맞춘 뒤 액젓과 생강즙, 설탕, 소금을 넣어 김치 국물을 만듭니다.

TIP 물김치 국물을 만들 때는 눈금 표시가 있는 계량 볼을 쓰면 편리해요.

④ ①의 절인 배추를 켜켜이 담고 그 위에 청양고추를 제외한 ②의 채소를 올린 다음 ③의 김치 국물을 붓고 청양고추를 넣어 실온에서 반나절 익힌 뒤 냉장 보관합니다.

TIP 큼직한 위생 비닐에 넣어 배추가 국물에 완전히 잠기게끔 꼭 묶어 숙성시키면 비닐이 부풀어 올라 숙성되는 시점을 쉽게 알 수 있어요.

한겨울에 더 맛있는 겉절이
봄동겉절이

187

INGREDIENTS

봄동 … 1/2포기(200g)
참기름 … 1큰술
통깨 … 1큰술

절임물
물 … 2컵
소금 … 1큰술

양념
매실액 … 1+1/2큰술
멸치액젓 … 1+1/2큰술
고춧가루 … 1+1/2큰술
다진 파 … 1큰술
다진 마늘 … 1/2큰술

① 봄동은 한 잎씩 떼어 씻은 뒤 바깥쪽의 넓은 잎은 먹기 좋은 크기로 2~3등분해 썰고, 분량의 재료로 만든 절임물에 30여 분 절여줍니다.
TIP 절일 때 위생 비닐을 이용하면 더 쉽고 고른 맛이 나게 절일 수 있어요.

② 봄동을 절이는 동안 양념 재료를 한데 넣고 개어둡니다.

③ 절인 봄동의 물기를 뺀 다음 ②의 개어둔 양념을 넣어 버무립니다.

④ 양념이 고루 버무려지면 참기름과 통깨를 마지막으로 뿌려주세요.

숙성된 양념의 감칠맛
부추김치

INGREDIENTS

부추 … 1단(300g)
사과 … 1/2개
양파 … 1개
홍고추 … 2개

양념
새우젓 … 1큰술
멸치 액젓 … 2+1/2큰술
매실액 … 2큰술
다진 마늘 … 1큰술
고춧가루 … 5큰술

찹쌀풀
물 … 2/3컵
찹쌀가루 … 2큰술

① 찬물 2/3컵에 찹쌀가루를 넣고 섞은 다음, 기포가 생기면서 끓을 때까지 천천히 저어가며 찹쌀풀을 쑵니다.
TIP 부추김치에는 찹쌀풀을 되직하게 만들어 사용해주세요.

② ①의 찹쌀풀에 고춧가루를 먼저 넣어 갭니다. 여기에 믹서에 간 사과와 양파 절반, 홍고추, 나머지 양념 재료를 넣고 고루 섞습니다.
TIP 믹서에 사과, 양파만 넣고 잘 갈리지 않으면 양념 중 매실액을 미리 넣어보세요.

③ 3~4등분으로 썰어둔 부추에 나머지 양파를 채 썰어 넣고 ②의 양념을 넣습니다.

④ 부추에 양념을 가볍게 고루 버무립니다.

풋풋한 맛이 매력적인
열무김치

189

INGREDIENTS

열무 … 1단(1kg 이내)	새우젓 … 1큰술	**절임물**	**찹쌀풀**
양파 … 1개	멸치 액젓 … 2큰술	물 … 1컵	물 … 2컵
청양고추 … 3개	매실액 … 2큰술	소금 … 1/2컵	찹쌀가루 … 2큰술
홍고추 … 5~7개	생강즙 … 1작은술		
배 … 1/4개	소금 … 1작은술		
마늘 … 5알			

① 열무는 손질하여 한 입 길이로 잘라 분량의 재료로 만든 절임물을 뿌려 두세 번 위아래 자리를 바꾸어가며 2시간 이내로 절인 뒤 찬물에 2~3회 씻어 물기를 뺍니다.

TIP 절이기 시작한 지 1시간 30분 정도 됐을 때 가볍게 치대어 열무에 간이 고루 배도록 해주고 30분 정도 더 절였다가 헹구면 열무가 부드럽게 잘 절여져요.

② 찬물에 찹쌀가루를 넣고 저어가며 가열해 찹쌀풀을 만들어 식혀둡니다. 양파 1/2개는 채 썰고 청양고추는 어슷하게 썰어 준비합니다. 홍고추는 반으로 갈라 씨를 가볍게 털어 내고, 홍고추와 남은 양파 1/2개, 배, 마늘을 함께 갈아줍니다.

③ 볼에 ②의 간 재료와 찹쌀풀을 넣고 ②의 썰어놓은 청양고추와 양파를 넣은 뒤 새우젓과 멸치 액젓, 매실액, 생강즙, 소금을 넣어 양념을 만듭니다.

TIP 액젓으로 간을 맞춘 뒤 입맛에 따라 소금을 넣는 게 좋아요.

④ ①의 물기 뺀 열무에 ③의 양념을 버무려 실온에서 반 나절에서 하루 정도 숙성시킨 뒤 냉장 보관 합니다.

TIP 열무김치를 숙성시킬 때 국물 위로 열무가 올라오면 김치가 맛있게 익지 않으니 꼭 국물에 열무가 완전히 잠기게 해주세요.

간단하게 만드는 아삭 상큼한 반찬
오이부추김치

INGREDIENTS

오이 … 3개
부추 … 1/2줌(25g)
양파 … 1/2개
소금(절임용) … 1/2큰술

양념
멸치 액젓 … 1+1/2큰술
매실액 … 1큰술
고춧가루 … 2+1/2큰술

다진 파 … 1큰술
다진 마늘 … 1/2큰술
통깨 … 1큰술

① 오이는 3~4등분으로 잘라 다시 길게 4등분합니다. 오이에 소금을 고루 뿌리고 15분 이내로 절인 뒤 체에 밭쳐 물기를 뺍니다.

② 부추는 오이와 비슷한 길이로 자르고, 양파는 채 썹니다. 양념은 고춧가루가 붇도록 미리 개어둡니다.

③ 절인 오이에 ②의 양념 2/3만 넣고 버무립니다.

④ 오이가 양념과 잘 어우러지면 부추, 양파, 나머지 양념을 넣고 버무려 완성합니다.

하룻밤 숙성시켜 차게 먹으면 더 맛있는
오이소박이

191

INGREDIENTS

오이 … 4개	**절임물**	**양념**	다진 마늘 … 1큰술
양파 … 1/2개	물 … 2컵	새우젓 … 1큰술	고춧가루 … 3큰술
부추 … 1/2줌(20g)	소금 … 2큰술	멸치 액젓 … 1큰술	설탕 … 1작은술
		매실액 … 1큰술	통깨 … 1큰술

① 오이는 원통 모양으로 4등분한 후 아래 1cm를 남기고 열십자(+)로 칼집을 냅니다. 여기에 끓인 절임물을 뜨거울 때 부어 15분 정도 절입니다.

② 고춧가루가 붇도록 볼에 양념 재료를 모두 넣고 섞어둡니다.

③ 양념에 다진 양파와 부추를 넣고 섞어줍니다.
TIP 처음엔 빽빽해도 양파에서 수분이 나와 버무리기 좋은 농도가 됩니다.

④ ①의 절인 오이의 물기를 뺀 뒤 칼집 사이사이에 ③의 양념을 넣어 완성합니다.

라면과 찰떡궁합
파김치

INGREDIENTS

쪽파 … 250g
멸치 액젓 … 3큰술

양념
찹쌀풀 … 2큰술
→ 185번 요리 참조
매실액 … 2큰술
고춧가루 … 3큰술
통깨 … 1큰술

① 쪽파는 깨끗이 씻어 반으로 잘라 물기를 빼고 멸치 액젓을 뿌려 30여 분간 절입니다.
TIP 쪽파의 흰 뿌리 부분에 칼집을 길게 넣어주면 양념도 잘 배고 먹기도 편해요.

② 볼에 분량의 양념 재료를 넣고, ①의 쪽파를 절이고 바닥에 남은 액젓을 여기에 섞어 김치 양념을 만들어둡니다.
TIP 파가 절여지는 사이 양념을 미리 만들어두면 고춧가루가 불어 버무리기 좋은 농도가 됩니다.

③ 절인 쪽파에 ②의 양념을 켜켜이 발라줍니다.

④ 쪽파에 양념이 고루 묻도록 잘 버무려 완성합니다.

샌드위치 소로도 좋은
감자샐러드

193

INGREDIENTS

감자 … 2개
오이 … 1/2개
달걀(삶은 것) … 1개
당근 … 약간
검은깨 … 약간

절임
식초 … 1작은술
설탕 … 1작은술
소금 … 1/2작은술

드레싱
마요네즈 … 4큰술
후춧가루 … 약간
설탕 … 1작은술
소금 … 약간

① 삶은 달걀은 잘게 으깹니다. 오이는 반달썰기를 해서 식초, 설탕, 소금을 넣고 5분간 절인 뒤 물기를 꼭 짜둡니다.

② 냄비에 한 입 크기로 썬 감자를 넣어 감자가 잠길 만큼의 물을 부은 다음 젓가락이 들어갈 정도로 삶고, 감자가 뜨거울 때 으깹니다. 당근은 편으로 썰어 준비합니다.
TIP 물에 삶은 감자는 꼭 체에 밭쳐 수분을 날려주세요.

③ 으깬 감자가 한 김 식으면 달걀, 오이, 당근을 넣습니다.

④ 드레싱 재료도 함께 넣고, 모든 재료가 어우러지도록 가볍게 버무립니다.

오이 쉽게 절이기

위생 비닐에 오이와 절임 재료를 넣고 공기를 빼서 묶어두면 쉽게 절여집니다.

샐러드도 되고 영양식도 되는
단호박샐러드

194

INGREDIENTS

미니 단호박 …1/2개(300g)
아몬드(슬라이스) …2큰술

드레싱
마요네즈 …3큰술
요구르트(플레인) …2큰술

① 단호박은 껍질을 깨끗이 씻어 씨를 긁어내고, 필러를 이용해 초록 껍질을 듬성듬성 벗겨줍니다.
TIP 껍질을 조금 남겨두면 색감이 훨씬 예뻐 식욕을 돋워줘요.

② 내열 용기에 단호박과 물 1/2큰술을 넣고 랩으로 덮은 뒤 구멍을 조금 내어 전자레인지에 5~6분 가열합니다. 익은 정도를 보면서 2~3분씩 나누어 가며 돌려주세요.

③ 젓가락이 쉽게 들어갈 만큼 익은 단호박을 식힌 다음 마요네즈, 요구르트, 아몬드 슬라이스를 넣습니다.

④ 마요네즈, 요구르트, 아몬드가 어우러지도록 섞어 완성합니다.

단호박 포슬포슬하게 만들기

포슬포슬한 식감을 원하면 전자레인지에서 바로 꺼낸 단호박을 체에 밭쳐 수분을 날려줍니다.

씨겨자 드레싱으로 알싸하게
달걀사과샐러드

195

INGREDIENTS

달걀(삶은 것) … 3개
사과 … 1/2개
브로콜리 … 1/5송이

드레싱
마요네즈 … 2큰술
홀그레인 머스터드소스 … 1큰술
설탕 … 1작은술

① 사과는 가운데 씨 부분을 도려내고 한 입 크기로 썰어 준비합니다.

② 브로콜리도 한 입 크기로 잘라 끓는 물에 데치고, 삶은 달걀도 사과 크기에 맞춰 썰어줍니다.
TIP 브로콜리는 끓는 물에 재빨리 데친 후 찬물에 바로 헹궈야 아삭함이 유지돼요.

③ 삶은 달걀, 사과, 브로콜리를 볼에 담고 분량의 드레싱 재료를 넣어줍니다.

④ 달걀이 으스러지지 않도록 부드럽게 섞어줍니다.

다이어트 기본 식단
닭가슴살샐러드

INGREDIENTS

닭 가슴살(익힌 것) … 100g
방울토마토 … 10개
양상추 … 1/4개(200g)
잎채소(샐러드용) … 100g

드레싱
파인애플(통조림) … 1조각(링)
양파 … 1/4개
식초 … 2큰술

포도씨유 … 3큰술
꿀 … 2큰술
소금 … 1/4작은술

① 방울토마토, 양상추, 잎채소는 깨끗이 씻어 최대한 물기를 빼고 한 입 크기로 자릅니다.

② 삶은 닭 가슴살은 결대로 찢어줍니다.

③ 드레싱 재료를 한데 넣고 핸드 블렌더로 갈아줍니다.

④ 그릇에 채소와 닭 가슴살을 담고 드레싱을 곁들여 냅니다.

모닝빵에도 튀김 요리에도 곁들이기 좋은
양배추샐러드

INGREDIENTS

양배추 … 1/4개(300g)
양파 … 1/4개
당근 … 약간
옥수수(통조림) … 1/2컵

드레싱
마요네즈 … 4큰술
식초 … 1큰술
레몬즙 … 1큰술

연유 … 1큰술
후춧가루 … 약간
소금 … 약간

① 양배추와 양파는 가늘게 채 썰어 찬물에 담그고, 당근도 가늘게 채 썰어줍니다.

② 채 썬 양배추, 양파는 채소 탈수기를 이용해 최대한 물기를 빼고, 그릇에 드레싱 재료를 넣어 섞어둡니다.

③ 옥수수는 체에 밭쳐 뜨거운 물을 가볍게 부은 뒤 식혀 채소와 한데 담습니다.

④ 채소에 ②의 드레싱을 붓고 고루 버무려줍니다.

고기와 채소를 가볍게 즐길 수 있는
차돌박이샐러드

INGREDIENTS

소고기(차돌박이) … 150g
더덕 … 2뿌리(30g)
영양부추 … 1/2줌(30g)
식용유 … 적당량

차돌박이 밑간
간장 … 1/2큰술
맛술 … 1/2큰술
후춧가루 … 약간

드레싱
식초 … 1큰술
참기름 … 1/2큰술
다진 마늘 … 1/2작은술
고춧가루 … 1작은술
깨(간 것) … 1큰술
설탕 … 1/2큰술
소금 … 1/3작은술

① 더덕은 껍질을 벗겨 최대한 가늘게 채 썰고, 영양부추는 5cm 길이로 자릅니다. 분량의 재료를 섞어 드레싱을 만들어둡니다.

② 간장, 맛술, 후춧가루를 섞은 다음 솔을 이용해 차돌박이에 가볍게 발라줍니다.

③ 더덕과 영양부추에 드레싱을 뿌려 버무려줍니다.

④ 팬에 기름을 가볍게 두르고 차돌박이를 앞뒤로 노릇하게 구워 ③의 채소를 곁들여 냅니다.

봄의 향기가 가득한
참나물두부샐러드

INGREDIENTS

두부 … 1모(300g)
참나물 … 1줌(50g)
찹쌀가루 … 1/2컵
소금 … 약간
식용유 … 적당량

드레싱
간장 … 1큰술
매실액 … 1큰술
참기름 … 1큰술
고춧가루 … 1작은술
통깨 … 1작은술

① 두부는 한 입 크기로 잘라 소금을 살짝 뿌린 다음 찹쌀가루를 입힙니다.

② 참나물은 씻어서 물기를 최대한 빼고 한 입 크기로 썰어줍니다.

③ 달군 팬에 기름을 두르고 ①의 두부를 노릇하게 구워줍니다.

④ 분량의 재료를 섞어 드레싱을 만든 다음, 참나물을 드레싱 소스에 가볍게 버무려 구운 두부에 곁들여 냅니다.

시판 샐러드용 해초로 간단하게 만드는
해초샐러드

200

INGREDIENTS

해초(샐러드용) … 2컵(200g)
게맛살 … 3줄
양파 … 1/4개

드레싱
레몬즙 … 1큰술
깨(간 것) … 1큰술

① 양파는 가늘게 채 썰고, 게맛살은 결대로 찢어 준비합니다.

② 샐러드용 해초는 조미가 되어 있으므로 체에 밭쳐 물기를 뺀 뒤 먹기 좋게 가위로 2~3군데 잘라둡니다. 양파는 찬물에 담가 매운맛을 뺀 뒤 물기를 제거합니다.

③ 그릇에 해초, 양파, 게맛살을 담고 레몬즙과 깨 간 것을 넣습니다.

④ 재료가 어우러지도록 섞어 완성합니다.

요리 번호 찾아보기

ㄱ

가지나물	001
가지덮밥	110
간장고추장아찌	055
갈치무조림	078
감자고추장찌개	132
감자뚝배기	079
감자볶음	028
감자샐러드	193
감자전	164
감자조림	056
게맛살오이사각김밥	111
고구마줄기김치	180
고구마줄기멸치조림	057
고등어시래기조림	080
고사리들깨볶음	002
고추된장무침	029
고추장아찌무침	058
골뱅이무침	081
구운가지나물	003
굴국	134
굴전	165
굵은멸치고추장볶음	030
기본김밥	112
김무침	031
김장무김치무침	059
김치날치알밥	113
김치등갈비찜	082
김치어묵볶음	032
김치콩나물국	135
깍두기	181
깻잎김치	182
깻잎부추전	166
깻잎순나물	004
꽁치조림	083
꽈리고추멸치볶음	033
꽈리고추찜	034

ㄴ

나박김치	183
낙지볶음	084
녹두빈대떡	167

ㄷ

다시마채무침	005
단호박샐러드	194
단호박호두조림	060
달걀말이	035
달걀밥	114
달걀볶음	036

달걀사과샐러드	195		매운어묵김밥	116
달걀찜	085		매운제육볶음	093
닭가슴살샐러드	196		멍게비빔밥	117
닭꼬치	086		메추리알새송이조림	064
닭볶음탕	087		멸치강된장	133
더덕구이	088		멸치아몬드볶음	041
도라지볶음	006		명란두부탕	140
도라지오이생채	007		명란젓무침	042
도토리묵국수	168		모둠버섯밥	118
도토리묵무침	037		무김치	184
동태전	169		무나물	009
동태찌개	136		무마른새우조림	065
돼지갈비찜	089		무말랭이무침	066
돼지고기간장불고기	090		무생채	043
된장깻잎장아찌	061		미역줄기볶음	044
된장찌개	137			
두부김치	091		**ㅂ**	
두부쑥갓무침	008		바지락수제비	171
두부조림	062		배추겉절이	185
들깨미역국	138		배추된장국	141
떡갈비	092		배추백김치	186
떡국	170		배추전	172
			뱅어포튀김	045
ㅁ			버섯들깨탕	142
마늘종고추장무침	038		버섯불고기전골	094
마늘종마른새우볶음	039		병아리콩조림	067
마른새우볶음	040		보쌈	095
마파두부덮밥	115		봄동겉절이	187
매생이굴국	139		부대찌개	143
매실장아찌무침	063			

부추김치	188
부추달걀국	144
북엇국	145
불고기김밥	119
불고기뚝배기	096
비빔국수	173

ㅅ

삼겹데리야키덮밥	120
삼계탕	097
삼치간장조림	098
상추겉절이	010
새송이버섯조림	068
새우볶음밥	121
소고기고추장볶음	046
소고기고추장주먹밥	122
소고기맑은국	146
소고기얼큰뭇국	148
소고기미역국	147
소고기유부초밥	123
소고기장조림	069
소시지채소볶음	099
숙주나물	011
순대볶음	100
순두부찌개	149
시금치나물	012
시래기나물	013
시래기들깨된장국	150
쌈배추채무침	014

ㅇ

아욱국	151
안동찜닭	101
알감자조림	070
애호박달걀국	152
애호박볶음	015
애호박양파전	174
양념꼬막	102
양배추깻잎피클	071
양배추볶음	016
양배추샐러드	197
양송이버섯구이	103
어묵땡초전	175
어묵떡볶음	047
어묵탕	153
얼갈이된장국	154
얼갈이된장무침	017
연근마요네즈깨무침	018
연근조림	072
연근피클	073
열무김치	189
오이냉국	155
오이볶음나물	019
오이부추김치	190
오이소박이	191
오이지무침	074
오이파프리카무침	020
오이피클	075
오징어뭇국	156

오징어실채볶음	048
오징어어묵무침	049
우엉조림	076
월남쌈	104
유니짜장덮밥	124

ㅈ

잔멸치깻잎찜	050
잔치국수	176
잡채	105
전복죽	125
조개탕	157
쥐포채무침	051
진미채무침	052
쪽파김무침	021
쪽파더덕무침	022

ㅊ

차돌박이샐러드	198
참나물두부샐러드	199
참치고추장볶음	053
참치김치찌개	158
청국장	159
춘천닭갈비	106
취나물무침	023

ㅋ

케일쌈밥	126
코다리조림	107

콩나물국밥	127
콩나물무침	024
콩나물뭇국	160
콩비지찌개	161
콩자반	077

ㅌ

토마토카레라이스	128
톳두부무침	025
통오징어고추장구이	108

ㅍ

파김치	192
파래무무침	026
파육개장	162
표고들깨볶음	027

ㅎ

해물덮밥	129
해물볶음우동	177
해물콩나물찜	109
해물파전	178
해초샐러드	200
햄김치볶음밥	130
호박당근전	179
호박죽	131
홍합탕	163
황태채무침	054

**평생 소장
클래식
집밥 백과**

초판 1쇄 인쇄 2024년 9월 10일
초판 1쇄 발행 2024년 10월 2일

지은이 강지현
발행인 손은진
개발책임 김문주
개발 김민정 정은경
제작 이성재 장병미
마케팅 엄재욱 조경은
디자인 design BIGWAVE
사진 완성컷 이종수 과정컷 강지현
요리 어시스트 김혜란 김은경 편경숙 임세희
그릇 협찬 ㈜라씨에뜨(lassiette.co.kr)

발행처 메가스터디㈜
출판등록 제2015-000159호
주소 서울시 서초구 효령로 304 국제전자센터 24층
전화 1661-5431 팩스 02-6984-6999
홈페이지 http://www.megastudybooks.com
출간제안/원고투고 writer@megastudy.net

ISBN 979-11-297-1281-3 13590

이 책은 메가스터디㈜의 저작권자와의 계약에 따라 발행한 것이므로
무단 전재와 무단 복제를 금지하며, 이 책 내용의 전부 또는 일부를 이용하려면
반드시 저작권자와 메가스터디㈜의 서면 동의를 받아야 합니다.
잘못된 책은 구입하신 곳에서 바꾸어드립니다.

메가스터디BOOKS
'메가스터디북스'는 메가스터디㈜의 출판 전문 브랜드입니다.
유아/초등 학습서, 중고등 수능/내신 참고서는 물론, 지식, 교양, 인문 분야에서 다양한 도서를 출간하고 있습니다.